中国史とつなげて学ぶ日本全史

A Brief History of Japan

岡本隆司

東洋経済新報社

まえがき――東洋史から日本史を捉えなおす

◆グローバル化と「ガラパゴス化」

昨今「グローバル」や「グローバリズム」という言葉を聞かない日はありません。たしかにこの二一世紀の現代、どこの国も世界とわたり合い、交わり合って生きていくしかないわけで、いくら孤立主義や鎖国を望んでも、もはや果たし得ないでしょう。わが日本に限ったことではないのです。

では実際、日本はどれほどグローバル化しているかというと、そこは非常に心もとない気がします。かけ声は立派ですが、むしろ取り残されている部分が多いのではないでしょうか。一時よく言われた「ガラパゴス化」から、未だに脱却していない印象です。

もっとも以上はごく個人的な見方ですので、日本全体にピタリとあてはまることなのか、定かではありません。ですが自身に最も身近な学問の世界については、グローバル化に関連して、もう少し詳しく、また確かな印象を述べることが可能です。

まず方向はまったく逆になりますが、やはり懸念すべきことがあります。学問研究は独創性が大事ですので、独自の進化を遂げる「ガラパゴス」的な面も必要な営みです。しかしグローバリズムの現在、本来もっと個々の研究者がオリジナリティを発揮すべきなのに、〝グローバル〟の波に呑まれて研究や知見が平準化、同化しているのではないか、と疑われます。誰も彼も言い方・言語は違えども、同じレベルの、同じ内容のことしか言わないという現象です。そんな学問であれば面白くないでしょうし、みな知っていることを言い換えるのは、そもそも学問ではありません。

その一方で、グローバル時代だから広い視野を獲得しているか、あるいは世界標準にアップデートしているかといえば、そうでもない。研究自体は世界から取り残されている分野が多い気がします。それでは、まさに悪しき「ガラパゴス化」そのものです。今のグローバル時代、最も劣化したのは、人文学の分野かもしれません。

◆日本史の研究は？

日本史学も、その例に漏れないのではないでしょうか。一国の歴史をたどるにあたっては、内部の精細な史実を知ることが、もちろん欠かせません。でもそれだけでは不十分です。その国が世界との関係の中でどのように変化してきたか、あるいは世界にどのような影響を及ぼしたかを見ることも、劣らずいっそう重要だと思います。

どんな個人でも集団でも、内と外とは別のものではありません。内をよく知るには、外との関わりを見逃せませんし、外とのつながりは内を知らないでわかるはずもありません。国もそうです。内外そろって明らかになってはじめて、その国の来し方と今日の国際社会における位置づけがわかるはずです。

ところが現行の日本史の多くは、そうなっていない気がします。日本という〝筒〟の中でのみ焦点を絞り、その流れに沿って「こういう出来事があった」と羅列しているだけのような印象があります。

それはちょうど、「履歴書」を眺める感覚に近いかもしれません。ある一人が生まれるには、かならず親がいて、またその先祖もいるはずです。またその人が学校で何かを学び、社会に出て何かの仕事に携わるまでには、さまざまな人との出会いや触発や転機があったはずです。ところが「履歴書」には、そうした情報はいっさい書かれません。その人があたりまえに成長したかのように、順を追って「卒業」や「就職」など、大きな出来事を記すだけです。そのような枠組み・方法では、とりあげる題材・内容はみな大差なく、平準化してしまって、「ガラパゴス」的な独創性は見えません。

一般に流布する日本史も同様でして、古代からあたりまえのように日本国家として存在し、種々の出来事もほとんど国内だけで始まり、完結している印象を受けます。これなら世界の誰がやってもほぼ同じ、たしかに今日的なグローバル化に乗りやすくはあります。

とはいえ、やはり日本史は日本だけで完結しません。それでたとえば「遣唐使」では唐、「元寇」ではモンゴルなど、外国も登場することがあります。ですが、しかしあくまでも主語・主役は日本。外国は一過性の脇役として処理されるだけで、それ自体の文脈にまで立ち入って日本をみなおすことは、必ずしも多くないのではないでしょうか。

「遣唐使」や「元寇」の史実経過は、少し視点を変えて見ればまったく異なる歴史として論じることも不可能ではありませんが、そこを意に介している様子は見えません。このあたりが、ガラパゴスたる所以です。

◆自国史から世界史へ

そもそも日本人が「日本」という国やその歴史に興味を持ち始めたのは、そう古い話ではありません。

最も古い歴史書といえば、日本の東洋史学の先駆者である内藤湖南《ないとうこなん》の所説では、鎌倉時代初期の『愚管抄』や南北朝時代の『神皇正統記』あたりとされています。もっと古い『日本書紀』や六国史など政府公式の史書は、編纂刊行の動機や関心を異にしますので、そこには含めません。

いずれも天皇家やその周辺の人々に関する記述が中心の、宮廷史・王朝史といってよいものです。もう少し時代を下ると、有名な水戸光圀が編纂を始めた『大日本史』があります。しかしこれも中国の史書に倣ったもので、基本的には王朝史です。当時は体系的な歴史・史書として読めるのは漢籍、つまり中国の史書ばかりでした。まだ日本人が自らの歴史を考える段階には至っていなかったといえます。

多くの日本人が、現代のわれわれの感覚に近い国家・社会としての日本の歴史を考え始めるのは、さらにその後、江戸時代中期に「国学」が興ってからです。また一説によると、歴史に対する認識が広く一般に浸透したのは、江戸後期の儒学者・頼山陽の著書『日本外史』がベストセラーになったことがきっかけだったそうです。だとすれば、今からほんの二百年ほど前ということになります。

さらに明治以降になると、日本は文明開化・富国強兵をスローガンに、西洋流の「ネーション・ステート」、国民国家として生まれ変わろうとします。そのためには、やはり西洋を見習って国民が共有する国家の歴史、「ナショナル・ヒストリー」が必要だと考えるようになります。そこから、日本でも「歴史学」という学問が誕生し、その歴史学に即して国民がみな歴史を学ぶことになりました。集団の過去を共有して同一の国民だという意識を高めるためです。

当時たとえばイギリスにはイギリスの、ドイツにはドイツの「ナショナル・ヒストリー」がありました。今も自国史中心の歴史学・歴史叙述は同じだといえますが、当時はもっと露骨に自国・国家を前面に出していました。ですから昔はもとより、今もどこの国でも「ナショナル・ヒストリー」は〝独り善がり〟になりがちです。いわば「国民が見たい、共有したい歴史」を書くからです。そればかりでは偏りますし、何より外との関わり、自分たちの位置づけもわかりませんので、自国をとりまく世界史「ワールド・ヒストリー」も必要になります。

◆「東洋史」の誕生と衰退が意味するもの

西洋の場合、その世界史が外国史も兼ね、自国史と直結していました。イギリス史は、フランス史やゲルマン民族史を抜きにしては語れません。もともと複数の国がひしめき合い、しかもキリスト教という宗教・文化の共通基盤もあったからです。「自国史＝西洋史」でした。それにくわえて、各国は列強として世界を制覇した経緯もあるので、「西洋史＝世界史」にもなるのです。

したがって、自国史を語れば必然的に世界史が視野に入るし、世界史の中にも自国史がかならず登場します。自国史・「ナショナル・ヒストリー」からなだらかに隣国史・外国史・西洋史につながり、それがそのまま世界史にひろがっていきます。西洋の歴史学としては、それで十分だったのです。

一方、日本の場合はそうはいきません。いくら日本史を掘り下げても、全体的な世界史は出てきません。折に触れて外国が登場はしても、あくまで日本からする意味づけにすぎず、客観的な文脈はほとんど重視されません。また西洋の「ワールド・ヒストリー」では、日本どころか、東アジア全体についてもほとんど説明されません。

そのため内藤湖南たちが草創したのが、東洋史学という学問でした。明治の日本人はすでに漢学で、中国の史書・史実には親しんでいましたので、西洋史ばかりの世界史とは別に、東洋の「ワールド・ヒストリー」を作って、あらためて日本自身を見つめなおしてやろう、そして東西あわせた世界全体の世界史を構築しようと考えたのです。当時の日本人がいかに歴史学・世界史と日本史とのギャップに悩んで、自分たちの位置を真摯に研究しようと考えたか、この一事だけでもわかります。

とりわけ東アジアで圧倒的な存在の中国の歴史を抜きにして、空間的にも時系列的にも日本の位置を理解することはできません。日中両国は日本海をはさんで対峙し、お互いに不断の影響を受け続けてきたのです。

東洋史学によって中国や東アジアという世界を説明できれば、その関係性から日本のありようも明らかにできるわけで、ひいては世界全体における日本も位置づけられます。日本の歴史学が構想されたとき、これが多くの研究者のコンセンサスになりました。だから当時は大学のみならず、中等教育の授業科目にも「東洋史」と「西洋史」が存在したのです。日本史との接続も十分に意識されていました。

ところが戦後、この二つの科目は「世界史」に統合されました。かくて中等教育では東アジア世界の比重が著しく低下し、大学にはかろうじて「東洋史」が残りましたが、今や解体寸前の絶滅危惧種です。つまり日本人は、先人が築いたはずの東アジアからの目線と日本を世界全体に接続する有力なよすがを失いつつあります。そのことは、先に述べた「グローバル化」しながら「ガラパゴス化」するという一見矛盾する、日本人と日本史学の現状と無関係ではないでしょう。

◆日本史の肖像画をめざして

もともと「ナショナル・ヒストリー」は、自国だけで自国を説明するという通弊に陥りやすいものです。まず資料が豊富で、言語的にもアクセスしやすい。また身近なので、トリビア的な話題にも事欠きませんし、理解も共感も得やすいので当然でしょう。逆にいえば、自ずとその限りのひろがりにとどまりがちで、その埒外に出にくくなります。

しかし葉を見て木を見ず、木を見て森を見ず、目先・身辺のことばかりに気をとられていると、全体・大局を見逃します。これは日常茶飯事的によくあることですが、歴史学も例外ではありません。特に日本史については、その傾向が顕著だと思います。

実はそれは、今に始まった話でもないようです。かつて内藤湖南は、海外に目を向けようとせず、国内の瑣末な史実・事物ばかりにこだわる研究者を「低能な国学者」と評しました。厳しい言い方ですが、東洋史学を創り上げた立場から見れば、その内容と重要性がなかなか理解されない苛立ちもあったのでしょう。同じく東洋史を専門とする後学として、共鳴を覚えざるをえません。

日本史は西洋の各国史と違って、世界史と容易に結びつかない宿命を負っています。隣接する中国は自国こそが世界の中心とみなす中華意識が強く、他国への関心は希薄です。そのため、日本史は近接する東洋史にも直結しづらく、ましてそこから広く世界史に結びつくのも困難だという構造上の問題をはじめから抱えているのです。

言い換えるなら、日本人はかなり無理をしなければ中国の日本観も、世界全体から見た日本の立ち位置も見えないということです。日本史・東洋史・世界史の学びも同じでしょう。しかし意識しなければ、無理をしなければ、いよいよトリビア化とガラパゴス化を深めてしまいます。グローバル化の時代だからこそ、われわれはこの〝ハンディキャップ〟を乗り越える必要があると思います。「低能」なままでは、世界と対峙できません。

精細精密な自画像より粗いタッチの肖像画のほうが、モデルの本質を的確にとらえていることがあります。東洋史が専門の筆者では、日本史家が仕上げるような細密画は、とても描くことはできません。ですが、逆に日本史家が描かない、描けない日本史の肖像なら、できるかもしれません。そんな肖像画をめざしたのが、本書です。

外国・世界から日本はどう見えていたのか、そこに関わって双方はどんな関係を築き、どういう影響を及ぼし合ったのか。そうしたグローバルな規模・視点から見た東洋史や中国史、あるいはそれをとりまくアジア史全体の文脈を媒介にしながら、日本史の内容に立ち返るというステップで論述を進めています。一見すると遠回りのようですが、これが先に述べた、日本人に避けられない〝無理〟の一つでしょうか。

あえてそうすることで、客観的俯瞰的に日本を捉えなおす、描きなおすきっかけになると思います。何かとぎくしゃくしたままの日中・日韓関係の来し方を見なおし、行く末を展望して、日本が今後の世界でどうあるべきかを考察することにもつながるでしょう。

中国史とつなげて学ぶ　日本全史　目次

第二章　アジア・システムからの離脱【平安時代〜鎌倉時代】

第三章 「日本全体が入れ替わった」時代

【室町時代〜戦国時代】

第四章 「国家」の成立【江戸開府〜元禄・享保時代】

第五章 「凝集」する日本【享保時代〜開国前夜】

第六章　開国と日中対立の始まり【幕末～明治維新】

第七章　朝鮮半島をめぐる外交と戦争【明治時代】

第八章　アイデンティティの破滅へ【大正時代～昭和時代初期】

結　現代への展望

第一章

日本史は中国の“コピー”から始まった

【古代〜平安時代】

一般的な「日本史」からは生態環境が抜け落ちている

中国と日本の歴史を繙《ひもと》く前に、その舞台となるユーラシア大陸について概観しておきます。いうまでもなく、人類の歴史は自然地理環境から多大な影響を受けてきたからです。中国も日本も例外ではありません。

ユーラシアは地球上最大の大陸です。ごく大雑把にいえば、ここには二つの自然環境が存在します。海岸に近い地域の湿潤気候と、内陸の乾燥気候です。環境が違えば、そこに住む人々のライフスタイルもまったく違うはずです。

湿潤地域では農耕が発達し、穀物を再生産しますから、定住型の暮らしが可能になります。一方、乾燥地域では家畜から生産物を得る、いわゆる牧畜が生活の中心になります。そのためには常に牧草を求めて移動しながら生活する必要があります。つまり、自然による生態環境の違いにより、農耕定住と草原遊牧という対蹠的な人間の生活様式が生成、存在していました。

特に東洋史・中国の歴史は、そうした二元構造を如実に反映しています。その大部分を農耕民と遊牧民のせめぎ合いが占めているといって過言ではありません。中国ばかりではなく、オリエント・インドなど、ユーラシアのほとんどの地域が多かれ少なかれ、共通の史実経過を有します。

ところが、一般的に語られる日本史の場合、その前提がすっぽり抜け落ちています。日本史は中国文明からも、その背景にある生態環境からも、少なからず影響を受けたはずです。しかしそれとはまったく別次元で人々の営みがあったかのように認識されているのでして、それはなぜかが重大な問題になります。

そうした事情は、実は西洋史・ヨーロッパ史もほとんど同じで、だから日本史と西洋史の枠組みは親和性が高いのですが、その一方で両者とも、アジア史・中国史とは根本的に違います。その差が、世界史の叙述や理解にも反映しているように思います。

だからこそ、中国史の観点から日本史を見つめれば、従来の日本史とは違った視角から、異なる内容の物語《ヒストリー》を描けるはず。それが本書の最大の目的です。

東洋史学の先達・宮崎市定《みやざきいちさだ》は、その著書の中で「ないものを探す」ことの大切さを指摘されていました。一般的に語られる「日本史」には、農耕民と遊牧民のせめぎ合いも、都市国家も騎馬民族も登場しません。しかし、なかったことをなかったまま、意識しないままにしてやり過ごすと、アジアに位置する日本の歴史を東洋史・アジア史、ひいては世界史の中で位置づけることは難しいのです。

われわれに必要な姿勢は、中国史において決定的に重要でありながら日本史に登場しない事象を〝ネガ〟と捉え、それをいったん〝ポジ〟に反転させてから、あらためて〝ネガ〟に戻すこと。それによって、これまで語られてこなかった日本と日本人の歩みが見えてくるのではないでしょうか。

歴史の始まりは文字の始まりから

農耕定住と草原遊牧の異なる生活集団は、もちろん距離が隔たっていれば没交渉、無関係で暮らしていけます。しかし近接しておりますと、そうもいきません。異形異質の者どうし、接触すれば不信・トラブルも起きるでしょうし、一方では相手の持っていない生産物を有しますので、羨望需要も生じます。そこから遊牧世界と農耕世界の境界線上では、お互いの物資を交換したり、もしくは奪ったりなどの交渉や競争が始まります。そのせめぎ合いの中で必然的に生まれたのが文明です。

そもそも歴史というものは、文字や文献がなければ系統的にたどることができません。言い換えるなら、文明をたどるには、文字の始まりをしっかり押さえる必要があるということです。人が集団・社会を作るだけなら、農耕定住でも草原遊牧でも可能です。またその生業だけに純化して見よう見まねで継承していくだけなら、必ずしも文字は必要ではありません。たとえば口伝で十分です。

しかし、その境界線で出自・環境の違う人と接すると、物々交換程度の交易をするにせよ、何らかのトラブルを解決するにせよ、恒常的な拠点として聚落《しゅうらく》ができ、そこでは意思伝達・

記録保存の道具が必要になります。それが文字です。

実際、西アジアのオリエント文明も、インド文明も、中国文明も、すべて境界地帯に成り立って文字を生み出しました。そして、その文字情報の保管や継承のために組織が生まれ、それがやがて勢力を獲て権力を得て、国家として成り立っていきます。

言い換えるなら、国家の権力の基盤は交易・紛争などの処理とその記録にあるということです。したがって遊牧・農耕の境界地帯にできた聚落、そしてそこから発展した都市国家があるところから、楔形文字や漢字が生まれ、海洋沿岸のフロンティアにできた聚落からアルファベットが発明されたのは、おそらく偶然ではありません。むしろ、そういう文字や記録を有した者が、政権や権力を持ち、行使するようになったのだと考えています。

ついでにいえば、文字や権力とともに人々を統治する必要から生まれたのが、信仰・宗教であり、やがてそれは教団という組織・経典という書物になります。そのため宗教的な権威を持った文字は、相乗作用で強さを増し、人類の歴史の中でずっと受け継がれました。イスラムのアラビア語、キリストのラテン語、儒教や仏教の漢字などが現在まで残っているのは、そういう意味合いだと解釈しています。

つまり、遊牧・農耕の境界線上でのやりとりの必要性から、聚落が生まれ、文字が生まれ、権力が生まれ、宗教が生まれ、やがて国家が形成されて発展した。これが文明という形になったと考えています。原点は農耕定住と草原遊牧の二元的世界とその境界上での交わりだったのです。

東アジア史も、この二元的世界の境界地帯が出発点でした。シルクロードの東端に広がる農耕可能な平原が、そうした境界地帯となって聚落を形成し、相互の関係ができあがり、交易・交渉やトラブル・戦争をくり返すことで発達したのが、黄河文明です。

生態環境・生活様式の違う者どうしが関わり合って、交わってゆくには、音声言語のみならず、お互い広い範囲で認識でき、一定の期間保存できる書記言語と記録手段が必要です。そこで文字が編み出され、やがて漢字文明に発展し、その空間的な範囲を拡大し、やがて中国の全土を覆い、さらにはその外にまで伝わっていくことになっていきました。これが中国古代史のもっとも基本的な流れです。

日本は世界史から取り残されていた

以上を地図に照らしながら、具体的に考えてみます。

すでに前著『世界史とつなげて学ぶ中国全史』で使った図になりますが、少し「日本史」向けにアレンジしています。**図表1－1**は、梅棹忠夫《うめさおただお》が描いた「文明地図」と呼ばれる概念図に手を加えたものです。アジアは、嶮峻な山岳・不毛の砂漠などの地理的条件によって東西南北に隔てられ、それぞれに乾燥地域・農耕世界をともに含む、二元的世界が存在していたことを

図表1−1　梅棹文明地図

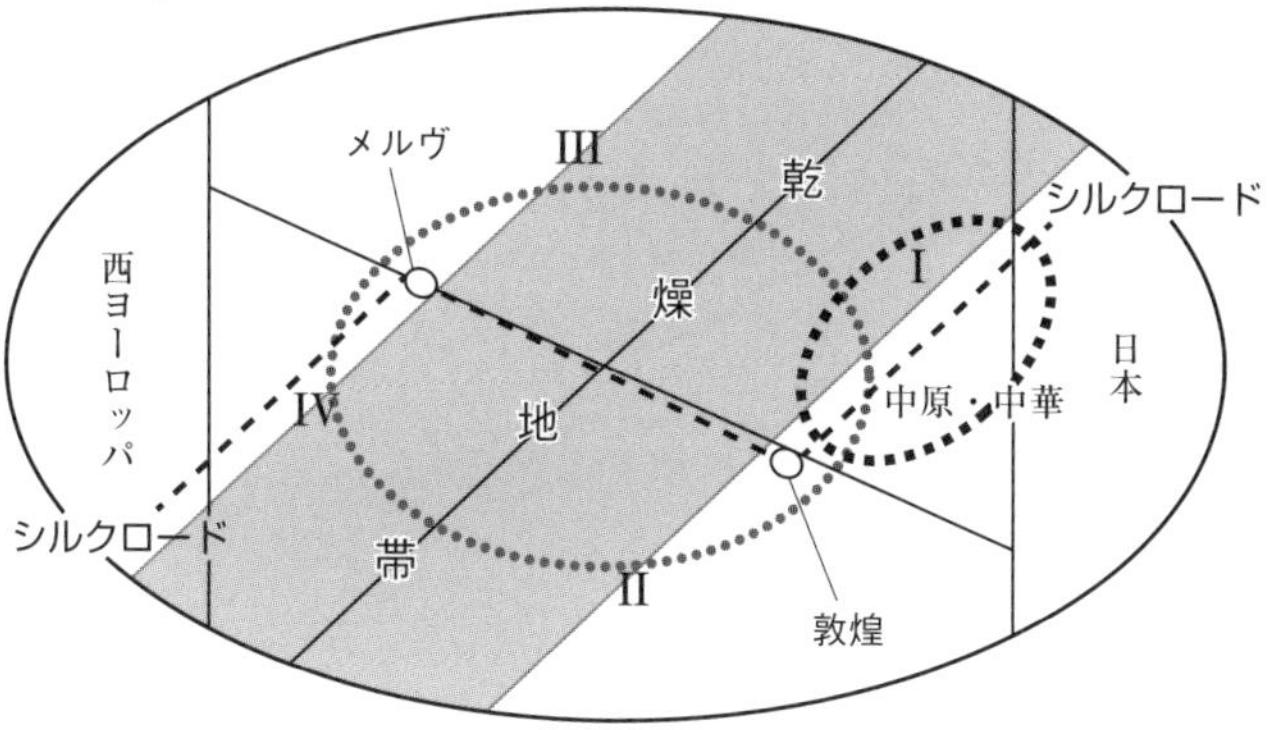

（出所）梅棹1974をもとに作成。

示しています。その境界線上に伸びているのが、いわゆるシルクロードです。それを実際の地図に落とし込んだのが、**図表1−2**です。

注目すべきは、この地図の西のはずれに西ヨーロッパ、東のはずれに日本が位置していることです。アジアから見て辺境という意味では共通していますが、両者の地理的な条件、したがってその条件の下でたどった歴史は、まったく違います。

まずアジアの西側ではオリエント文明が興り、おそらく交通や交易がもっとも早くかつ急速に発展し、やがてアケメネス朝ペルシャという大帝国の登場に至ります。

さらにその西端では、海を隔てた二元的世界も存在していました。「レバシリ商人」という言葉がありますが、現在のレバノン・シリアを拠点としていたフェニキア人は、大陸で培った交易のノウハウをもとに、やはり地中海沿岸一帯へ進出し、

図表1-2　分割地図とシルクロード

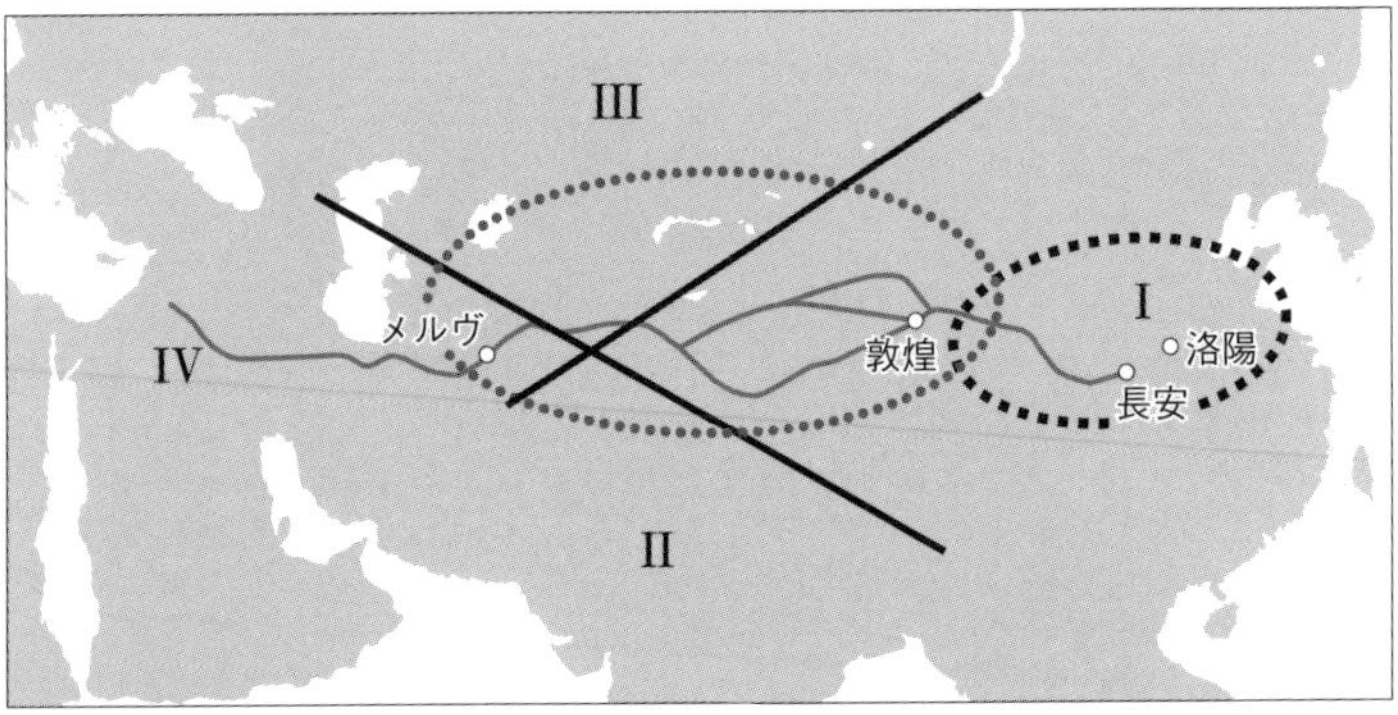

（出所）岡本2019［a］。

都市国家を形成していきました。

それによって、オリエント文明は当時後進地域だったギリシャやローマなどに伝播します。後にここには地中海文明が栄え、ローマ帝国が誕生し、西ヨーロッパがその後継者を自任して自己形成するにいたったことは周知のとおり。つまり、西ヨーロッパの文明形成はオリエント文明から連続したプロセスと見なすことができます。実際にこれまでの世界史・西洋史は、そのように描かれてきました。

一方、アジアの東側では、オリエント文明が中央アジアを経由して中国に伝わります。それによって黄河文明が形成されました。そのため、ローマ帝国と黄河文明は時系列的によく似た成長・展開を辿ることになります。

ところが、西側と同様にそこから海を超えて日本に伝わったかといえば、そうではありません。地中海とシナ海とでは、状況がまったく異なりました。

日本は黄河文明の影響を受けてはいますが、オリエント文明がギリシャ・ローマを経て連続した西ヨーロッパとは違い、スムーズに接続するプロセスはなかったのです。したがって、文明からずっと取り残されることになります。この遅れが、その後の日本史に大きな影響を及ぼすことになるのです。

「日本史」の始まりは六世紀末から

では実際、日本の歴史はどれほど遅れていたのか。

前出の宮崎市定は、「世界史略年表」を提示しています（図表1－3）。東西のアジアの歴史をヨーロッパ史の時代区分の基準で比較したもので、いずれも「古代」「中世」など時代の範疇は、ほぼ歩調を合わせて変化しつつ、その変化が互いに前後して進んだことを示しています。

たとえば「古代」に該当するのは、西アジアでは最も古くオリエント文明が栄えて、ペルシャ帝国が誕生し、滅亡するまでの間です。同じ時期、東アジアでは黄河文明が

図表1－3　世界史略年表

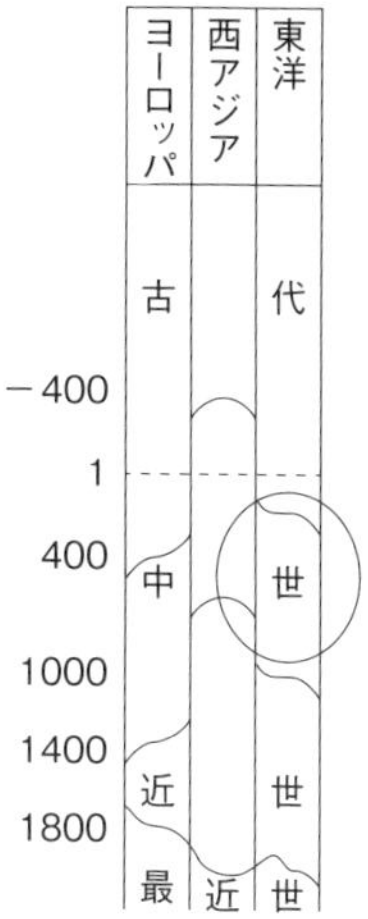

（出所）宮崎2015。

始まり、地中海世界ではオリエント文明の影響を受けて、それぞれ都市国家が形成されています。のち東西とも、ペルシャ帝国にかなり遅れて、それと同規模の秦漢帝国やローマ帝国をつくりあげました。

ところが、いずれも体制を維持できず、自壊していきます。そこまでのサイクルが「古代」であると、宮崎は指摘しています。中国の場合でいえば、黄河文明が興ってから春秋戦国時代を経て、秦の始皇帝が統一を果たし、次いで漢という王朝政権が形成されます。その漢が自壊して解体し、三国時代が始まるあたりが、「古代」と「中世」の境界ということになります。西暦でいえば三～四世紀に当たります。

ちょうどそのころ、日本はようやく中国に存在を認識されました。漢が滅びて三国時代に移る三世紀末に書かれた「魏志倭人伝《ぎしわじんでん》」に、初めて「倭」として登場したのです。中国から見て、日本列島で何か気になる動きがあったのかもしれません。

ただし、これはあくまでも中国の記録です。当時、アジアで文字を持っていたのは中国だけ。日本列島の人々が主体的に書いたものはいっさい存在しません。それはつまり、文字を使って利害を主張する主体も対象も存在しなかったことを意味します。前述の定義にしたがうなら、当時の日本はまだ国家ではなかったということになり、何らかの統治機構が存在していた可能性はありますが、史料がない以上は不明です。

日本が自前の記録を残し始めたのは、六世紀末から。このとき、ようやく国内統治や対外的な交渉を行う組織ができあがったと見るべきでしょう。それまでに組織が存在していたとしても、この時点で新しい組織が取って代わったと考えるしかありません。

つまり古代日本の歴史は、二段階を経て始まったといえます。最初は三世紀に中国の史料に登場する「倭」として、次は六世紀末に自ら記録を残し始めた国家として。しかしこの一段目と二段目とでは、意味合いがまるで違います。

そもそも漢語で書かれた中国史料には、あまり信憑性がありません。周知のとおり、比較的最近の、しかも国内の記述についてさえ、虚偽や誇張が含まれることはよくありますから、太古において、しかも海を隔てた他国について正確に観察・記録しているとは考えにくいのです。「漢委奴国王」の金印にしろ「魏志倭人伝」にしろ、その程度の史料でしかないと認識したほうがいいと思います。

ましてや、それをもとに日本史そのものについて考察することは、あまり意味のあることとはいえません。たとえば「邪馬台国」や「倭の五王」「大和朝廷」にまつわる議論もその一つです。

したがって、系統的な日本史が始まるのは二段目の六世紀末以降と考えるべきなのです。もちろん『日本書紀』や『古事記』にも、時代を遡って神話を作りあげ、歴史を〝捏造〟した部分があります。しかし、そこには国家としての意図があるはずで、それを読み解くことに意味があるのです。

それは、中国史料による一方的な存在認知とはまったく逆のベクトルです。そこで両者を照合することにより、実際はどうだったのかを考えることもできる。その意味でも、六世紀末以降でなければ日本史を系統的に捉えられないのです。

漢語史料上の日本

言い方を変えるなら、記録を残そうという発想自体、国家とそれに見合う社会の形成を待たなければ出てこないはずです。もともと日本は文字を持っていませんでした。そこに中国から漢字文明が流入し、多大な影響を受けます。しかしそのままでは中国に呑み込まれてしまうので、いわゆる万葉仮名や和漢混淆文を作って一線を画しました。そこで初めて自らを表現・主張できるようになった。中国から見ればかなりの〝周回遅れ〟ですが、それが日本の文明の黎明だったのです。

以上をもう少し具体的に見てみます。

中国の史料における「倭」「倭奴」は、まず一世紀ごろに書かれた『漢書』地理志に登場し、続いて三世紀に書かれた「魏志倭人伝」にやや詳しく記述されます。しかし東洋史学者の岡田《おかだ》英弘《ひでひろ》が指摘しているとおり、中国の歴史史料は権力者の道具でしかないため、その記述はきわめて恣意的で、客観的な史実としてはとてもいい加減です。ここからわかるのは、東方沖に

「倭」という国があったらしいということだけです。

また五世紀に書かれた『宋書』には、いわゆる「倭の五王」に関する記述が見られます。当時の中国は、いわゆる「三国志」の時代を経て南朝・北朝に分立していました。三世紀ごろから気候が寒冷化すると、北方の遊牧民が万里の長城を越えて南下し始め、それぞれの集団が個別に政権を立てて自立していきます。ここから華北・中原の多元化が始まり、やがてそれが辺境の半島や列島にまで及びました。

一方の南方・長江流域の「江南」では、漢人の建てた王朝が興亡を繰り広げます。そのうちの一つである宋が、多元化の一翼を担っていた日本および朝鮮半島と何らかの交渉していたらしいことが、『宋書』に記されています。

ただしこれも、中国の思惑・筆法に沿った一方的な記録でしかありません。それぞれの主張は記されていますが、実際の関係性をここから読み取ることは不可能です。まして、それ以上の穿鑿《せんさく》をすることはムダだと思います。

あるいは寒冷化についても、中国のみならずオリエントやヨーロッパに多大な影響を及ぼした以上、日本も無関係ではなかったはずです。しかし歴史が始まっていないので、検証のしようがありません。

唯一確認できるのは、当時の日本が大陸から認知される存在だったことです。つまり五～六世紀の段階で、国家の基礎になるような組織が生まれていたのでしょう。

それが一挙に具体的になり、違う段階に進んだと考えられるのが、六世紀末に始まる隋の時代からです。隋は、気候の寒冷化に対応すべく、統治体制の再構築を迫られる中で誕生しました。
そういう歴史の二巡目に入った中国から、日本が一巡目として影響を受けつつ、もしくは見習いつつ国家形成を進めたことは間違いないでしょう。「遣隋使」はその象徴で、「大和朝廷」や「律令制度」などはその所産です。

図表1－4　日中時代対照表

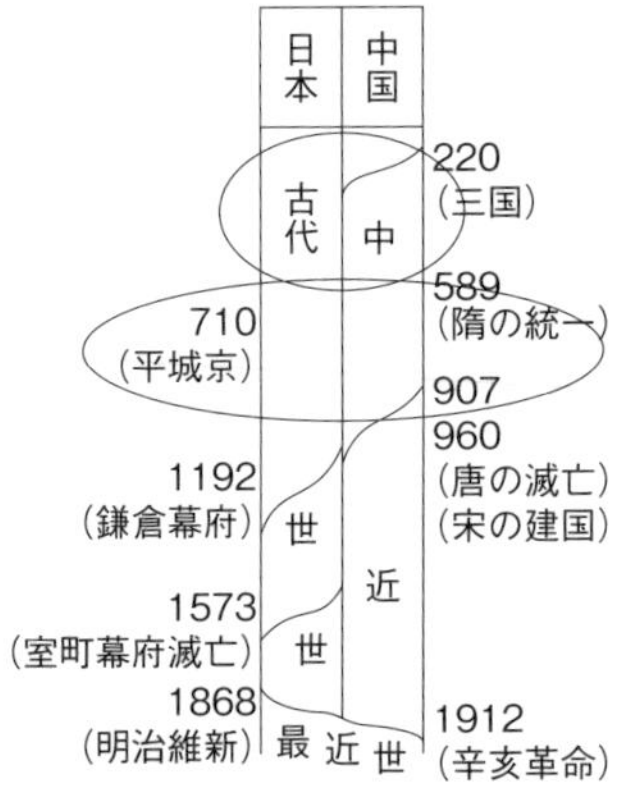

（出所）宮崎2015。

〝無礼〟な日本

前出の宮崎市定先生の「日中時代対照表」によれば、中国の「中世」は隋と次の唐の時代に該当しますが、同時期の日本を「古代」と定義しています（**図表1－4**）。七一〇年には中国の都・長安に倣って奈良に平城京が建設されますが、そのころの中国は玄宗《げんそう》皇帝・楊貴妃《ようきひ》らが活躍する唐の全盛期でした。日本が「中世」に入るのは一二世紀末、ようやく鎌倉時代あたりからということになっています。

こうした「古代」「中世」という概念の意味内容は、現在の研究水準ではもちろん議論・修正の余地がありますが、それほど日本の経歴は〝周回遅れ〟だったと説いている点はまちがいなく、そこを忘れてはならないと思います。

その隋の歴史を記した『隋書』には「倭国伝」があります。文字どおり「倭国」、日本に関する記録ですが、たとえば中国が仏法を興したと耳にした日本が、使節を派遣してきたと記されています。

そこに登場するのが、「日出づる処の天子、書を日没する処の天子に致す」という有名な一文です。隋としては、その無礼さに憤ったと綴っています。

たしかに中国のみならず、自国のトップまで同じ「天子」と表現することは、漢語の用法・礼式に反します。この一文から、「倭国」が隋・中国に対してどういう態度でアプローチしようとしたかが、端的にわかります。後の天皇や日本の統治・外交スタンスに通じるものがあります。

もっとも、これも隋の一方的な記録でしかありません。その後の日本史と完全につながるか否かは微妙なところです。しかし隋は約三百年ぶりに誕生した統一王朝であり、国家として日本に対する姿勢も鮮明に打ち出しています。「天子」の件で無礼を非難しつつも、没交渉にはなっていません。そこで何があったかは不明ですが、両国の関係も立場も変わらずに推移します。その意味では、見るべき価値のある史料といえるでしょう。

「倭国」から「日本」へ

『隋書』倭国伝で「倭国」と表現された日本は、続いて七世紀初頭に始まる唐の時代を描いた史書『新唐書』日本伝から「日本」という国号表記に代わりました。つまり、中国は倭と日本を別の国家・政権として認識していたということです。そしてこのころから、先述のとおり日本国内の記録との照合が可能になります。史料としての価値が一気に高まってきます。

そうした史料を見てまず確実なのは、日本国家の形成が徹頭徹尾、外部からの波動によるものだということです。外来の波動・影響による歴史の展開は、世界史上めずらしいものではなく、もちろん中国史にもあてはまることですが、古代日本の国家組織形成の場合は、やはりすぐれて顕著です。

唐は、寒冷化によって多元化した中国を再統一しました。そのノウハウを有していたことになります。言い換えるなら、逆境の中それぞれ再開発をすすめ、すでに自己の存立を実現していたローカルな国家・集団を、全体に通用する統治システムの確立によって呑み込んで拡大したのが唐です。

その勢いは、中国内にとどまりません。北方にあったテュルク系の有力国家の突厥《トックツ》や、東にあった高句麗や新羅などの周辺国まで呑み込もうとします。対する周辺国は、当然ながらどうすれば呑み込まれないかを模索します。

日本も対岸の火事ではありません。唐のプレッシャーに対抗するために政権を整え、体制の確立を急ぐことになるのです。その転機となったのが、七世紀半ばの「白村江の戦い」でした。唐と新羅の連合軍に押し潰されそうな百済を救済すべく、日本は兵を送り込みますが完敗し、百済は滅亡します。

朝鮮半島というバッファーを失った日本は、いっそう強く唐のプレッシャーを受けることになりました。直接的に軍事的な脅威を受けていたかどうかはわかりませんが、往来の最も多かったであろう朝鮮半島が唐の傘下に入った以上、明日は我が身と感じてもおかしくはなかったはずです。

そこでこれ以降、対抗措置として、否応なく中国的なシステムを取り入れざるを得なくなってきます。唐の国制である律令に学んだばかりでなく、宗教や文字にいたるまでそうでしたし、もっとハードな都城・寺院をはじめとする建築などでも、唐を模倣しようとしました。それは同時に、「日本」がようやく自前の国を作り始めたことを意味します。

これは日本のみならず、唐の周辺国に多かれ少なかれ共通する現象でした。つまり、東アジア各地に唐のコピー国家が現れたのです。われわれはかつてこれを総称して、「東アジア世界」と呼んでいました。

ただし、完コピというわけにはいきません。原本と対比したコピーの仕上がりはそれぞれ区々《まちまち》でしたが、そこに各国の個性が現れてきます。

仏教と中国

たとえば、中国にはもともと儒教があり、また漢語の文明がありました。そこにインドから仏教が伝播し、まったく異なる思想・言語の仏典を漢語に翻訳しながら、文明の転換を図ってきたという経緯があります。やがて仏教にのっとって新たな統治体制を築こうという動きも出てまいりました。そこで既存と新来の関係が微妙になってきます。

律令との関わりはその典型でしょうか。仏教が外来宗教だったのに対し、律令はもちろんそれ以前からある、中国伝統のものです。もともと「律」とは儒教の「礼」を転化し、強制力を持たせたもの、つまり礼を法律化したものを指します。また「令」とはもともと君主による命令のことです。したがって、律令は仏教とは関係なく作られ、古来ずっと中国政治の基盤になってきました。

とりわけ北朝から隋唐にいたって完成する、いわゆる律令体制は、たとえば「古典国制」とも呼ばれ、はるか数百年前の体制を規範にしております。そこに仏教的な要素は、たとえあったとしても、ごく稀薄です。

そこに仏教が入ってきて、社会のみならず政府国家にも浸透していきます。しかも仏教信仰は中国だけではなく、周辺国にも普及したものですので、いわば国際的普遍的な情況でもありました。

そうしたとき、その教えと従来の律令とをいかに結びつけて政治を実施し、社会を統制し、内外の秩序を維持するかが、唐の中で大きな懸案だったのです。それは、土着のものと外来のものとのせめぎ合い、ともいえるでしょう。

唐の前半期、有名な君主の間でしばしば政変が起こっているのも、そうした文脈から解釈したほうがよいのかもしれません。たとえば中国史上唯一の女帝・則天武后《そくてんぶこう》は、唐王朝を中絶させて、仏教イデオロギーで統治体制を再編しました。そのあとで玄宗は、あらためて律令体制を立て直し、唐の復活を図っています。

コピーの仕上がり

一方、日本の場合は儒教と仏教が唐から同時に入ってきました。その際に中国ほど大きな矛盾などは感じていません。中国ではインド語の仏典を「翻訳」するのに、たいへんな労力をかけて障礙《しょうがい》を克服したはずですが、日本はその漢訳仏典を素直にそのまま受け入れて信奉しました。

さきに引いた『隋書』倭国伝にも、なぜ倭国が使節を送ってきたのか、といえば、「海西の菩薩天子」を慕ってのことと書いてあります。ちょうど隋の文帝が仏教を振興した後を承けた時期でした。仏教は中国側から見れば、隋と日本を結びつける紐帯《ちゅうたい》でもあったのです。それは日本に限らなかったと思われます。それだけに中国の仏教の扱いは注目に値するのですが、日本だけ見ていてはその機微はわからないでしょう。

列島でも土着とのせめぎ合いは、もちろんなかったわけではありませんし、大きな政争の背景になっていた可能性もあります。しかしそれでも、舶来の事物・制度を採択せずに、土着のままで通用したものはほとんどないので、律令を作成、施行するにしても、また仏教を信奉するにしても、唐ほど悩むことはありませんでした。当面ひとまず、いわば単純にコピーすれば済んでいたのです。

しかし当時の日本は、そもそも政治・社会の情勢や発展の仕方・段階が唐とはまるで違うので、コピーの仕上がりは区々でしたし、やがてコピーするだけでは間に合わなくなります。それを象徴するのが、平城京・平安京の建設です。唐の長安をコピーする計画でしたが、とてもその規模には至りませんでした。そもそも長安のような城郭を備えた都市は、日本に存在しなかったので、まねたのは形だけともいえます（図表1－5、図表1－6）。

その平安京も、まもなく土地の低い右京が次第に廃れ、形だけまねた原型すらとどめなくなっていきますし、後述のように豊臣・徳川を経た今日の京都は、平安京からまったく違う都市

図表1-5　長安城

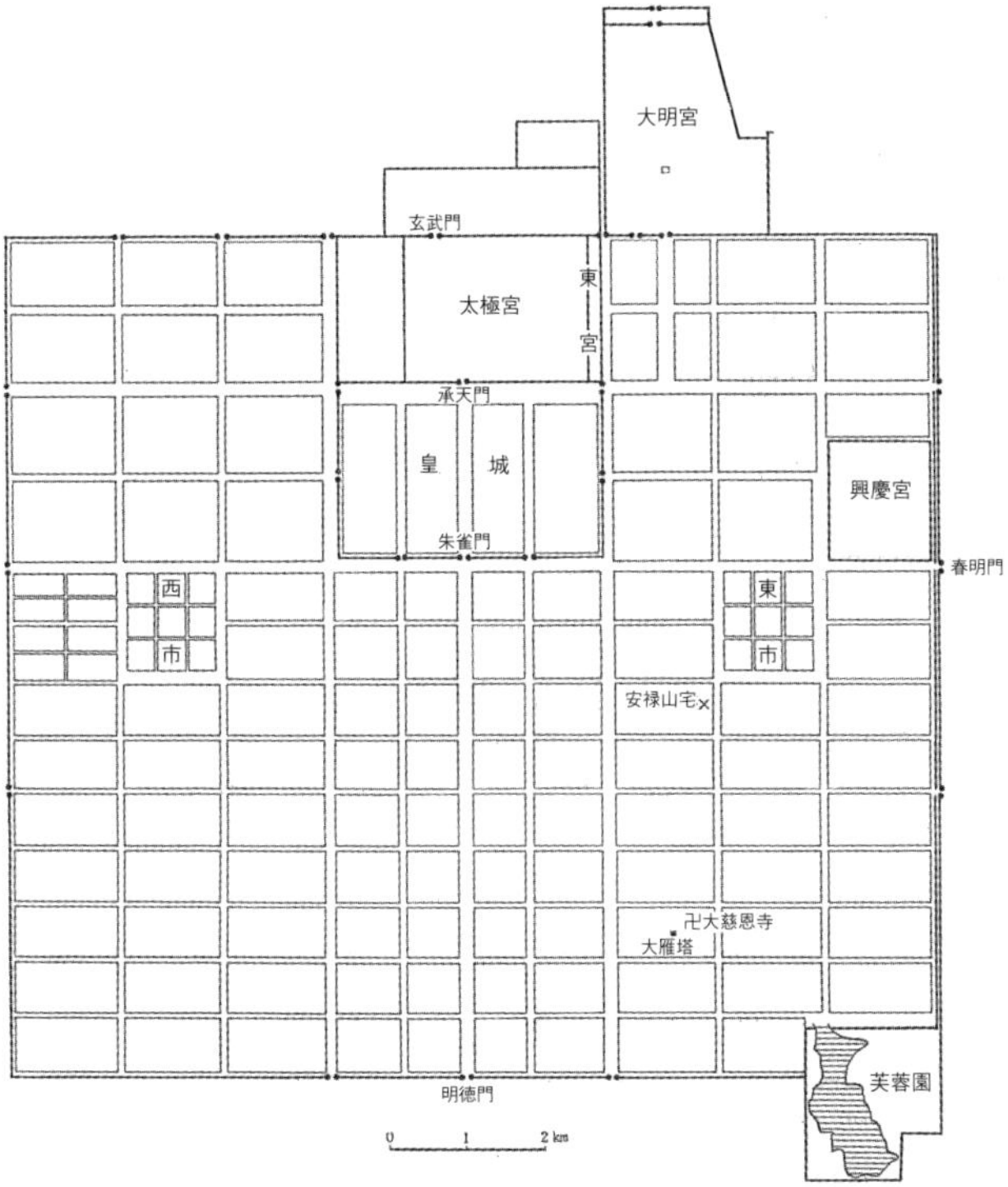

になっています。しかし、中国の長安と異なっていたのは、建設当初の平安京を見ても明らかでしょう。

同様に、律令も土地制度も文化・文明も八世紀ごろまではコピーに励んでいましたが、日本の間尺に合わないことに気づき始めたのです。

「コピー国家」からの脱却

当時の日本は、唐の制度をコピーした律令国家でした。しかし両者の共

図表1-6　平安京復元図

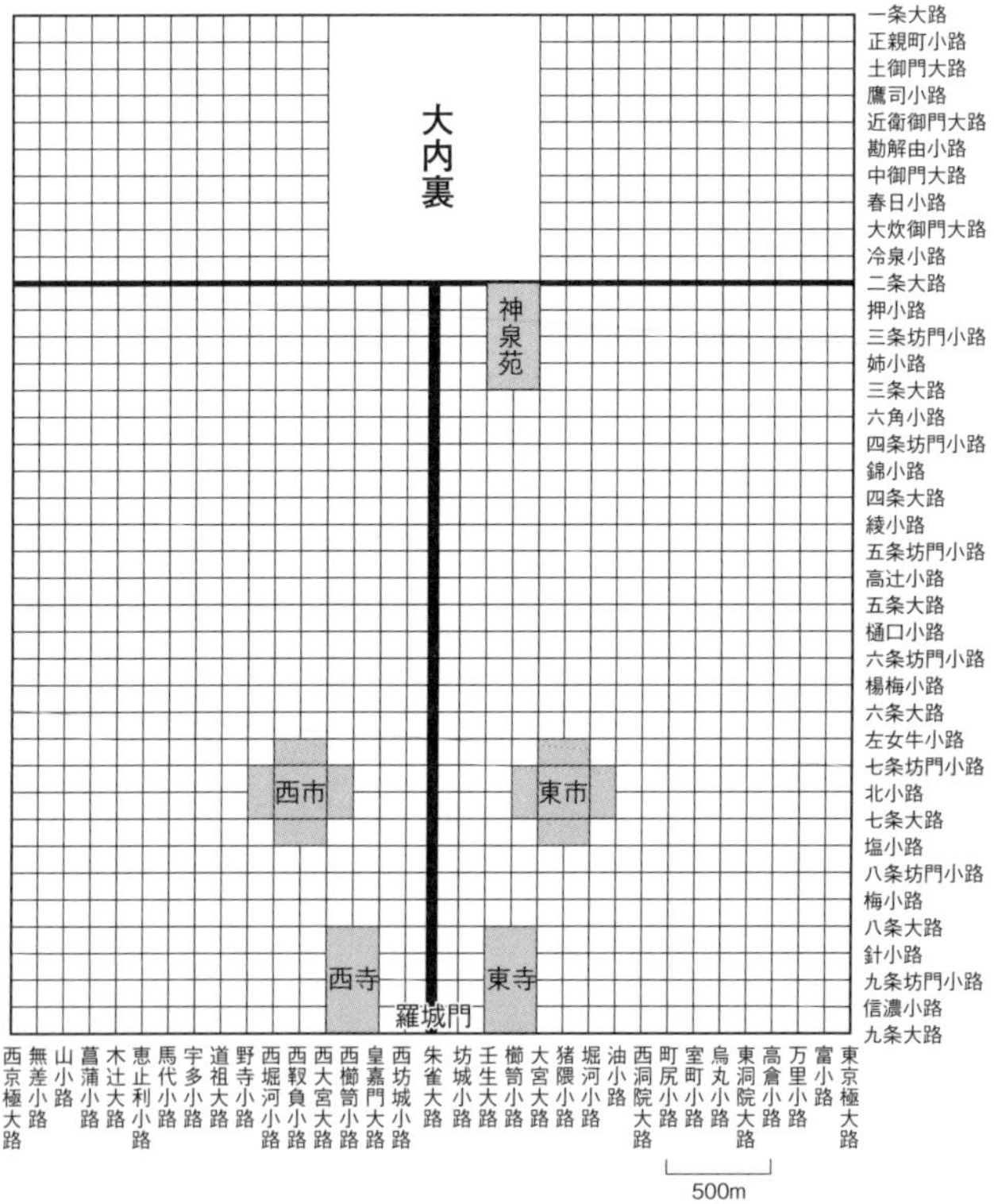

通点や類似点について議論することは、あまり意味がありません。むしろ、同じ制度を取り入れながらも、日本は当初から何が違っていたのか、以後にはどう変わっていったかを見るほうが生産的だと思います。

　そのポイントの一つが、君主権のあり方です。「日本」という国号もそうですが、君主をなぜ「天皇」と呼ぶようになったのかはよくわかっていません。

そもそも「天皇」とは、由緒正しき漢語表現の一つです。

あるいは前述のとおり「天子」を自称したこともあるし、「大王《オオキミ》」や「天王《テンノウ》」と書いたりもしていました。それがなぜ「天皇」という表記に落ち着いたのかは不明ですが、いずれも相手にわかる漢語であり、日本から中国に対して何らかの関係づけ、ないし主張をする意図があったことは明らかでしょう。たんに並立するだけのつもりなら、日本独自の文字表現を使ってもいいはずなので、相手に対する一定の敬意と企図を表していたと考えられます。

つまり「天皇」も、おそらく「日本」の国号も、中国との関わりを意識していた時代の産物です。倭国の時代には、まだそこまで関わる必要はありませんでした。逆にいえば、天皇や国家など今日まで続いている機構は、唐のプレッシャーがなければ始まらなかったということです。

このあたりの経緯を記したのが、『新唐書』日本伝です。それによると、日本が漢語に習熟して「倭」の縁起の悪さに気づき、「日本」に変えたと記してあります。日本からの使者は、日本が中国から見て日が昇る方角の国なので「日本」と名づけたと説明しています。中国・漢語のプレッシャーを物語るものでしょう。

また、もともと日本という国は存在していたが、小国だったので倭国に併合されたとも述べています。そのときから、倭国が日本を名乗るようになったそうです。ただし「日本伝」は、使者のこれらの話の真偽は疑わしいと評しています。結局、中国の史書から見た日本の客観的な成り立ちのプロセスは藪の中のようですが、対中関係のありようは、ほのかにうかがうことができます。

同書では、「神武」の時に君主号を変更して「天皇と号す」という記述があり、以下、歴代の天皇の名を挙げています。おそらくこれは、『日本書紀』の記録をもとに書いたのでしょう。また使者と天子の接触・やりとりを初めて載せた『隋書』倭国伝の記述にも触れています。

中国としては、日本からの臣礼を受け入れるというスタンスで一貫しています。ですから、そのトップが「天皇」と名乗っていても、あくまでも中国皇帝によって認められた地域の支配者を意味する「王」と表現するのが中国流。だから遣唐使にしても、唐から見れば日本が臣服従の意志を示すために派遣した使者という位置づけでした。

日本の側もそれを承知の上で、おそらく少なくとも唐に対しては、「天皇」の使者とは名乗らなかったと思います。「天皇」では唐の皇帝と対等になり、相手にされないおそれがあるからです。一方、国内に向けては、唐に使者を送り込んで制度・文化を取り入れると説明していたようです。為政者が国の外側と内側で二枚舌を使うことは今日でもよくありますが、それはこの時代から始まっていました。

以後、国内における天皇の位置づけも、しだいに変化していきます。当初は、中国を見倣った律令を制定し、施行する為政者であり、同時にこれまた中国のありようを見倣って、仏教において世俗の世界に君臨する転輪聖王《てんりんじょうおう》をもめざしました。とにかくなりふりかまわず、先進的な中国の体制、その天子の君臨・統治のありようを模倣しようとの傾向が強かったといえるでしょう。

しかし八世紀から九世紀にかけて、中国のコピーではなく独自の展開を見せるようになります。天皇がその発祥である神社へのいわば〝本家帰り〟に向けて動き出したことが一つ。また仏教はアレンジが加えられて、土着の宗教に変化していったのに対し、律令は実効性を失ってゆき、次第に有名無実・枠組みばかりの法令と化しました。言い換えるなら、法制にしろ宗教にしろ、中国からのプレッシャーが弱まって、そのコピーをめざす条件も動機も、減退したことを意味します。

では、その間に何があったのか、それを次章で追ってみることにします。

第二章

アジア・システムからの離脱

【平安時代～鎌倉時代】

土俗化する日本

堅苦しくて似合わないスーツを脱ぎ捨て、浴衣に着替え力を抜いていった時代。それが日本の九世紀から一二世紀、つまり平安時代から鎌倉時代あたりまでのイメージだと思います。

前章で述べたとおり、奈良時代から平安時代初期までの国家形成期には、ひたすら中国から影響を受け、それを模倣することに躍起となっていました。そうしなければ文明でリードする中国に呑み込まれるという危機感があったからです。国名を「日本」、君主を「天皇」と命名し、律令や仏教をそのまま導入しようとしたのもそのためです。

その意味において、奈良時代と平安時代は連続しています。諸般の事情で都は奈良から京都へ移りますが、中国をまねるという方針は変わっていません。平安仏教の象徴である最澄・比叡山にしても、空海・教王護国寺（東寺）にしても、基本的には中国発祥の鎮護仏教を踏襲したものです。中国の「史書」に倣い、『日本書紀』を始めとする『続日本紀』『日本後紀』などの正史「六国史」も書かれました。平安初期まではそうでした。

ところがその後、一気に〝たが〟が外れて、国家・社会の体制が土着化の傾向を強め、その形態内容が土俗化していきます。その発端として、藤原家による摂関政治の台頭があげられます。

摂関政治に説明の必要はないでしょう。藤原氏が天皇の外戚になって、その政務を代行するものですが、外戚政治そのものは中国史にも前例がありますし、世界史を見渡しても、めずらしい現象ではありません。しかしそれでも、君位の簒奪をともなわずに制度化し、安定して継続した摂関政治のような政体は、やはり日本独自のものといえます。

一〇世紀には一時、醍醐天皇と村上天皇によるいわゆる「延喜・天暦の治」の時代に天皇中心の政治に戻りますが、これが最後の抵抗でした。その後はいよいよ藤原家の天下になります。

自立の時代へ

これには国内的な契機のほか、対外的にも複数の理由が考えられます。まずそもそも唐のプレッシャーが、減じていきます。その一大契機として、八世紀の半ばに起こった安史の乱があります。

安史の乱とは、いわば外人傭兵部隊の地方駐屯軍がいまの北京で蜂起し、黄河流域を席巻して、国都長安を陥れた一大内乱でした。日本人にも白居易（白楽天）の「長恨歌」でおなじみ、玄宗皇帝と楊貴妃のラブロマンスとも関係の深い事件でもあります。この大乱で心ならずも都落ちした二人が引き裂かれて、楊貴妃が死に追いやられる悲恋物語です。あるいは日本人が知るところですと、繁華をきわめた長安の荒廃を描く、杜甫の「国破れて山河在り」の「春望」

という漢詩でしょうか。

しかしそんな文学的なお話は、歴史的にはどうでもよくて、この安史の乱は玄宗皇帝を帝位から逐《お》って政権を変えたばかりではなく、唐そのものをほとんど別の国にしてしまうほどの変化を引き起こした歴史的大事件です。内外に及んだそちらの影響のほうを考えなくてはなりません。

安史の乱自体は鎮圧されましたが、これ以降、黄河以北の平原に盤踞《ばんきょ》していた遊牧軍団は半ば自立して、ほとんど割拠状態になりました。これに応じた動きが、それまで唐の勢力下にあった東アジア各地で模索されます（**図表2－1**）。

こうして唐をとりまく周辺国が、多く自立的になっていきました。唐の内部で離反の動きが露わになったくらいですので、外の国々が唐の勢力・規範に甘んじて従うはずもなかったのです。

もともと南北朝のころに自立を始めて、バラバラだったかれらを唐が統合していたのですが、あらためて実力を自覚し自己主張し始めました。唐と拮抗、あるいはそれを凌駕するような最も強大な国家としては、ウイグルとチベットです。何やら現代中国の構図を暗示するようでもありますが、東アジアはこのように多元化していきました。そして、はるかに遠く小さな日本も、その例外ではなかったのです。

図表2-1　安史の乱当時の東アジア

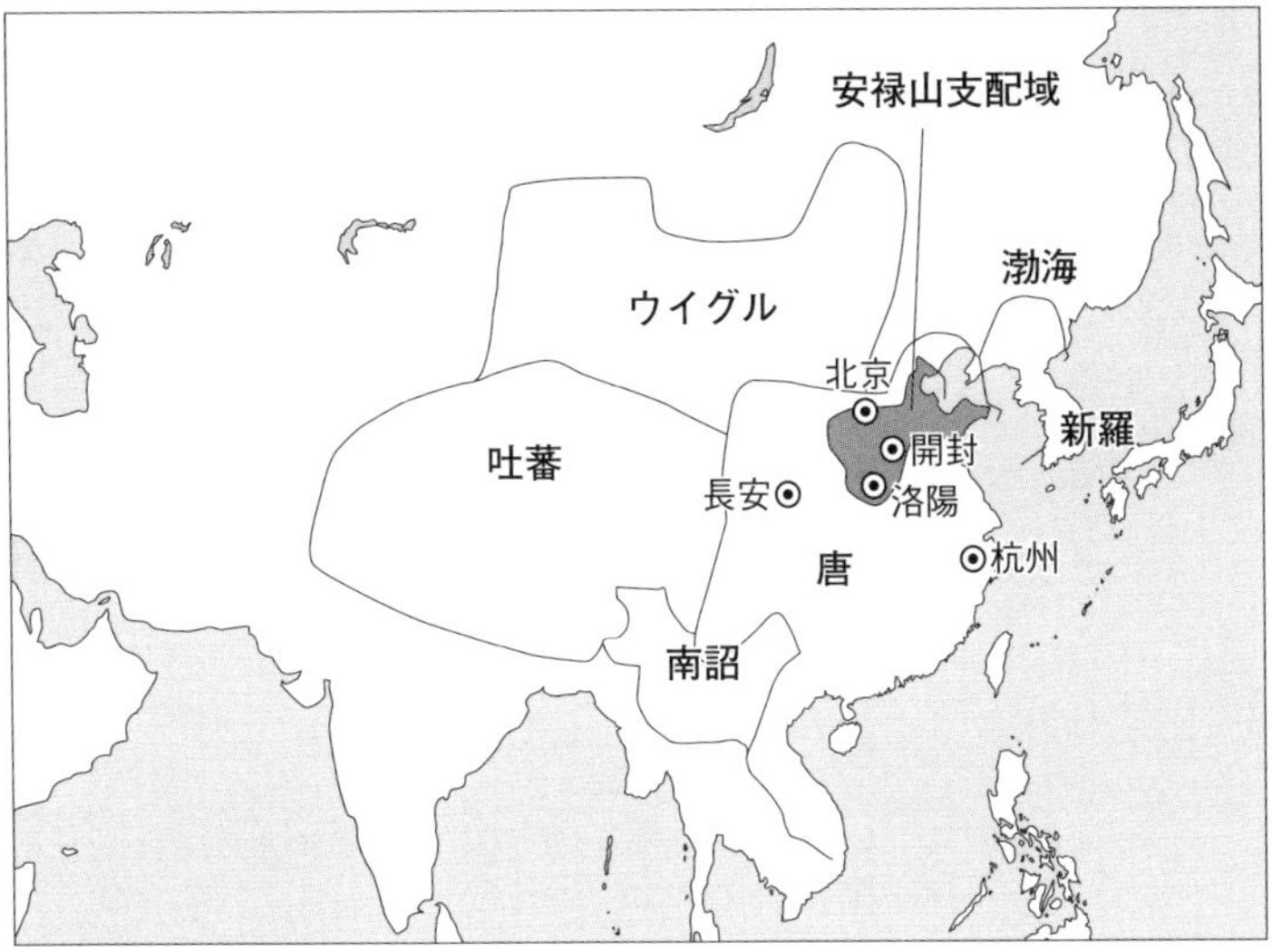

（出所）岡本2019［a］。

温暖化による影響

そしてそれはまた、いっそう大きな文脈にもつながってきます。

すでに前著でも紹介したように、根本的な原因は、九～一〇世紀ごろの気候の温暖化にあります。ローカルな農耕民も遊牧民も元気になり、技術革新と経済発展が進みました。それとともに各自それぞれに自立し、武力を持つようになります。

律令体制と呼ばれる日本が見倣った隋や唐の統治システムは、気候の寒冷化に対応したものでした。土地をわりつけて人々を縛りつけ、労役につかせるのが根幹で、厳しい気象条件の中で再開発をすすめ、土地・労働の生産性を最大限に引き出そうというコンセプトです。
ところが八世紀以降になると、気候は温暖化の局面に入ります。ヨーロッパでは農地開発と相まって、人口が急増した中世に到達しました。東方も同様で、生産力が回復し、人々の動きが活発になり、モノの流れも加速してきましたから、寒い時代の律令に収まらなくなってきたのです。

隋と唐の政権は「胡漢一体体制」とも呼んでいます。つまり元来は遊牧民で武力に長けた胡族と、文化的に優れた漢人による、いわば連合政権でしたから、連合を維持するバランスに意を用いる必要がありました。さらに、いっそう北方の遊牧国家からの脅威にも対処する必要もありました。そういう緊張感のある状況で統治・統合を成り立たせるために編み出されたのが、律令体制でした。

一方、日本列島に暮らす人々は、そんな東アジア諸国に比べれば、ほぼ単一といってよい農耕民です。地続きに言語文化・生活習慣の異なる異種族が押し寄せる心配もありません。つまり緊張感がまるで違っていたので、そこに中国流の律令を当てはめたこと自体、最初から無理があったといえるでしょう。ですから日本の律令は、条文が中国のそれと変わらなくとも、運用は当初よりかなり違っていましたし、字面・規定それ自体から異なるものもありました。

そして中国でも温暖化に対応すべく、寒い時代に対応した律令に収まらない「令外《りょうげ》の官」が増えてきて、そこから新たな時代に入っていきます。日本でも同じく、「令外の官」が土着化・土俗化という新たな時代の象徴になっていきます。摂政・関白など「令外の官」の最たるものです。

国風文化の通説は正しいか

遣唐使が廃止されたのも、おそらくその一環でしょう。日本は大陸と海を隔てているので、陸続きの国のように、頻繁な交流・交渉をするには及びません。必要なことを必要な人数でやりとりすればいいと考えたのであり、その必要なことがなくなれば、使節の派遣も減少、消滅していくのは当然だと思います。

ただし、唐との縁が切れたわけではありません。一部には、断絶によって「国風文化」が栄えたともいわれますが、それは違うと思います。唐から流入するものを〝舶来上等〟としてリスペクトする姿勢は、ずっと変わりませんでした。たしかに遣唐使は廃止されましたが、それは国家としての公式な交渉や見倣う姿勢がなくなったに過ぎません。

その代わりに民間による交渉や交易が密になっていました。そんな民間貿易の代表が平氏の事業です。中国が宋代の全盛になるころには、平氏が台頭して西海を通じた日宋貿易の元締めとなり、のち位人臣を極めた平清盛が遷都までして、それを国家事業にまでしようとしました。この遣唐使から日宋貿易への移行が端的に表しているのは、日中の交流が国家事業によるトップダウン型から、地に足の着いた民間による自律型の事業に変化したということです。

このように考えてきますと、九世紀末の遣唐使の廃止によって、日本の文化が独自色を強め、「国風文化」に移行した、などという認識・論理は、ごく一面的であることがわかります。遣唐使の廃止はむしろ民間レベルの交流が定着し、文物・情報が安定的に入るようになったから、もはや国家レベル・ハイコストの大がかりな使節を派遣する動機・必要がなくなったからなのです。そもそも独自な日本文化という意味で国風文化というのなら、それは遣唐使の派遣当時からありましたし、唐物など唐風文化を尊重する風尚《ふうしょう》は、遣唐使廃止以後もやはり盛んでした。

国風文化の粋たる『源氏物語』や『枕草子』を少し繙くだけで、平安貴族が工藝や香木など珍奇な「唐物」に熱狂する姿をいくらでも見つけられます。『白氏文集』『文選』など漢詩文も、いわずもがなでしょう。清少納言も紫式部も漢文ができたからこそ、いわゆる国風文化のトップランナーたりえたわけです。

両国の商人が跋扈《ばっこ》したり、一般渡航者が多く往来したりするようになっても、それは国家の記録には残りません。だから一見すると、関係が疎遠になったように思えます。そこから、独自の文化が栄えたとする言説が生まれたのでしょうが、そうした解釈はやはり一定の修正の必要があると思います。

全体として、人々の暮らしとそれを律する社会の慣習・組織が、トップダウン式から自立型に変化しつつあったのです。それにともなって国制全体も土俗化しました。それを象徴するのが文字で、平仮名が編み出されて広く普及していったのです。

東洋史学の草分け的な存在として明治から大正にかけて活躍した内藤湖南は、日本における中国の影響を「にがり」と形容しています。それ自体は食べられませんが、凝固剤として作用した。つまり、もともと流動的で形をなさなかった日本土着のものが、中国の文化に長く浸ることによって成形化された、というわけです。日本の文化が定着してきたため、そろそろ国家としても社会としても「にがり」を必要としなくなった、と考えればいいのではないでしょうか。

地方が力を持つ時代へ

国家のトップダウン型から民間の自律型への変化は、やはり温暖化によってもたらされた影響で、ヨーロッパでも中国でも見られるところであり、世界史的にも必然的な流れといえるでしょう。そこで顕著になってくるのは地方の開発で、ローカルな地域が活力を持って自立し始めました。

前章で述べたとおり、日本は七〜八世紀ごろからようやく国家が形成された後進国です。中央つまり今の近畿地方の開発は、それなりにすすんでいたのでしょうが、そのほかの地域は、これから、という段階でした。とりわけ東国の開発が本格化したのは、九世紀以降と考えられます。

その中心は荘園の形成でした。日本の中央政府は中国を見習い、トップダウン的な律令体制によって口分田や班田収授の制度を浸透させようとしましたが、奏功しません。その代わり、各地に派遣した国司・受領が地元の民衆と提携して力を持ち、地方開発の役割を担いました。中央の摂関政治とともに、日本独自の発展を遂げていきます。

ただし荘園の運営には、中央政府と土着の領主、公家、農民層まで含めてさまざまな利権が入り乱れます。その調整のためには政治力が必要であり、その背景として武力を持つこと、もしくはボディガードを雇うことも重要な手段でした。そのため、土着の農民層が武器を持つようになります。そのリーダーが受領となり、やがて平氏や源氏のような武士団に育っていきました。

これが、武家政治の始まりです。また、本格的な国内政治の始まりでもありました。これまでの日本の政治・律令体制は、中国・東アジアという外圧に対応するための、ごく対外的に形をととのえただけの虚栄的な存在でした。しかし武家政治は、人々の生活に密着して利害調整を担う機関として始動したのです。

武家政治の始まり

平安後期になると、各地で利権をめぐる騒動が頻発します。典型的なのが、平将門の乱でしょう。中央政府から見れば反乱ですが、発端は『今昔物語集』にもありますように、関東における一族内の領地の奪い合いでした。地方の開発をめぐる利権争いを中央政権がほとんどコントロールできていないのです。

あるいは『平家物語』の前半が描いている大筋のストーリーは、西国に地盤を持つボディガードだった平家が雇い主だった中央政府の公家と喧嘩し、その利権を奪い取ってしまったという話でしょう。こちらも中央が地方の実情や力量に即した監督管制・利害調整までは、とても目が行き届かなくなっていたことを物語っています。

そのため、特に関東のように都から遠く離れた地域では中央政府への不満を募らせ、独自に調整機関を立ち上げようという話になる。そこで生まれたのが鎌倉幕府と考えればいいのではないでしょうか。

明治から昭和の戦前まで活躍した史論家・政治家の竹越《たけこし》与三郎《よさぶろう》は、著書『二千五百年史』の中で、こうした幕府のあり方を「武断民生主義」と表現しています（図表2-2）。日本人が初めて打ち立てた武門政治は、土着の民の中からボトムアップ的に生まれたということです。

図表2-2　『二千五百年史』の書影

写真提供：国立国会図書館デジタルコレクション。

これは、日本史のきわめて特徴的なところです。中国史の場合、皇帝を中心とするトップダウンの政治があたりまえですが、いつの時代も下々までは行き届きません。日本の場合は逆に、武家政治の時代の前も後も含めて、皇帝のようなトップがついぞ生まれなかったのです。これもやはりそもそもの初期条件たる生態環境と、そこから生じる組織のありよう・変遷の違いと見るべきものでしょう。

かつて聖武天皇一家は国家の守護者としての仏教を信奉し、南北朝・隋唐の皇帝にならって転輪聖王を標榜しようとしましたが、永続はしませんでした。天皇は神様として祀り上げられ、とにかく清らかな存在であればいい。一方で生臭い政治の実務については、近親者や第三者が取り仕切る。そんな二重のシステムができあがっていたのです。それが摂関政治や院政であり、武家政治の時代の幕府でした。

鎌倉幕府は、地方の土着武士団どうしのせめぎ合いの中、どうにか秩序を見出そうとして生まれた機関であり政権です。だから発足後はいっそう土俗化を深めていきます。やがて幕府創設の立役者であり、もともと皇族の系統でもある源氏すら排除し、関東土着の武家である北条氏が執権として実権を握ることになるのです。

それに対し、公家の中には復古を夢見て、天皇中心の政治に戻そうと画策する者もいました。その代表例が承久の乱を起こした後鳥羽上皇であり、建武新政を行った後醍醐天皇です。しかし、いずれも失敗に終わりました。

特に後醍醐天皇の場合、宋学（朱子学）からも影響を受け、当時の中国で行われていた政体をまねて、天皇による独裁政治をめざしたといわれています。周知のとおり、「後醍醐」という諡号は、延喜年間に親政した醍醐天皇にあやかって、自ら生前に決めたものです。それほどの復古でありながら、あらためて中国の最新最先端の政治体制・思想文化に学んで、天皇親政の独裁政治をめざしたらしいのですが、それが目前の日本に合わないことは、これまでの歴史を見ても明らかです。内外二重のアナクロニズムというべきでしょうか。その意味で、建武政権が短命で終わることは必然だったと思います。

ただし、後鳥羽上皇も後醍醐天皇も島流しにはされましたが、命までは取られていません。また天皇家も存続します。鎌倉幕府にも足利尊氏にも、天皇家をどうこうするという発想はなかったのでしょう。真っ向から敵に回せば不利になるということが、わかっていたからだと思います。権力実務に触れればは対処はするが、権威としてはアンタッチャブルな存在だったということです。

逆にいえば、天皇が歴史に揉まれながらも今日まで残ったのは、現実の政治から一線を画し、あくまでも清らかな存在として継承されたからです。

アジアと歩調を合わせて多元化

土着化・土俗化は宗教や文化の分野でも進みます。最澄と空海によって中国から直輸入された天台宗と真言宗は、神仏習合でそれぞれ神社と結びつきました。同様に、中国から次々と流入する仏教の宗派は、日本流のアレンジが加えられて土着化します。

ただし禅宗だけは、直輸入されたまま中国的な要素が多く残りました。それには、舶来ものを好む日本人の気質があり、なかんずく田舎住まいの土俗的な鎌倉武士が、直輸入の禅宗・渡来した禅僧のハイカラさに憧憬を抱いて帰依するようになったことがきっかけですが、それに加え、実務的な理由もあります。禅僧は漢語に堪能だったため、中国・東アジアと交渉・交流する際に活躍します。

こうした動きは、経済開発が中央から地方へ浸透したことと軌を一にして、日中の交流も国家のトップダウン型から民間主導へ移ったことを象徴しています。つまり、鎌倉時代とは土着化の時代だったといえるでしょう。

そしてもう一つ、土着化・土俗化とともに進行したのが、政治体制の多元化・権威と権力の分岐、いわば二重構造化です。これは、中国史とはまったく逆のベクトルといえるでしょう。アジアの二元構造に由来した言語習俗を異にする遊牧民・商業民の存在も含めて、多元社会の中国では、中央政府は秩序ある統治を実現するために一元化を図ることが常に最大の課題であり、そのこと自体はおそらく今も変わっていません。

それに対して日本の場合、もともと言語習俗に大きな差がなく、一つにまとまりやすかったので、逆に多元化を求める傾向が強くありました。一元体制では変化も進歩も望めないし、耐性もない。政体に代表される二重構造化は、それを避けるための本能的な動きなのかもしれません。

そもそも朝廷と幕府に分かれること自体、二重構造化そのものです。また朝幕それぞれの内部でも、二重構造化が進展しました。朝廷では天皇と摂関政治や院政に、幕府では将軍と執権に分かれました。あるいは建武新政以降、天皇家も血統によって南北朝に分裂し、北条家も得宗家とそれ以外で明確な線引きがありました。

日本の中はきわめて小規模・ミクロな動向ではありますが、もう少し俯瞰的に見ると、これはおそらく当時の東アジアに共通する動きでもあります。九世紀以降の温暖化によって、農業の生産性が高まり、商業もさかんになって、経済が発展しました。そうすると、必ずしも中央政府に従属しなくとも、地域ごとに自活も可能ですし、さらに実地ではもっと細かく再開発して生産性を上げようという経済的な動機も生じるため、大がかりな統一よりも、地域ごとにま

図表2−3　北宋の都・開封

写真提供：Bridgeman Images／時事通信フォト。

とまる方向の力学が強くはたらきます。つまり政治的には、規模の大小こそあれ、分立して多元化していく傾向が強くなります。

中国史上もっとも経済的に豊かで、政治的にも卓越していたのが宋の時代です（図表2−3）。その首都の開封は繁栄をきわめましたが、版図は歴代最小です。ほかの国々と併存していましたし、宋の内部でも銅銭のほか、鉄銭を行使する、異なる通貨圏が存在するなど、やはり多元的で在地主義でした。

宋代といえば、特に一一世紀後半、六代皇帝神宗《しん》の時代の宰相・王安石《おうあんせき》が行った「新法」による改革が有名ですが、その内容は、農業や商業や教育など市井の人々の暮らしに密着し、その質を向上させました。中国史において、これほど権力者が民間の人々に寄り添った政策・改革は、おそらく前代未聞・空前絶後です。これも在地主義の現われと見てよいでしょう。

図表2-4　12世紀のユーラシア東部

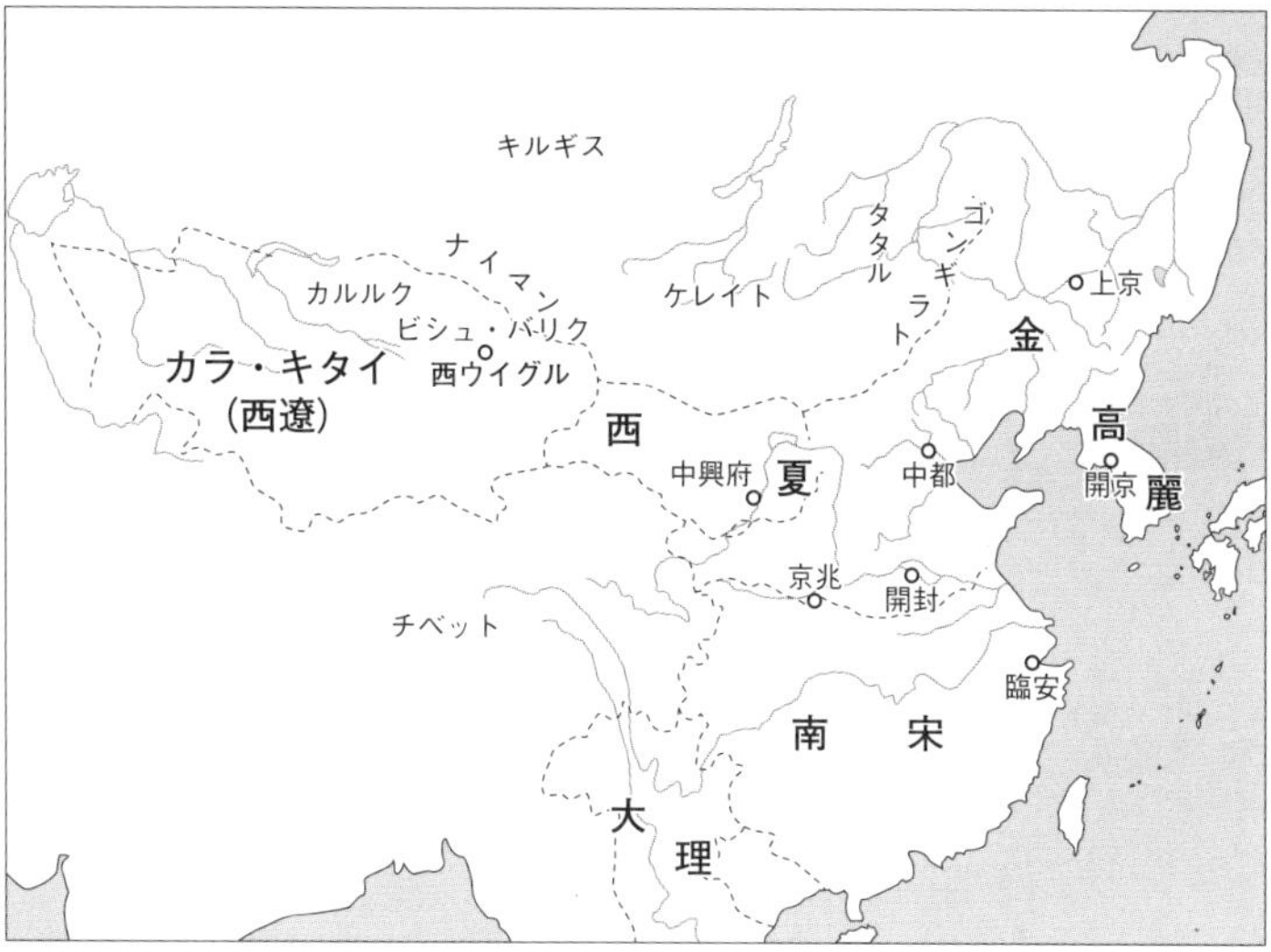

（出所）岡本編2013。

また一二世紀になると、中国周辺の遊牧国家も支配者と庶民の距離が近くなり、勢力が強くなります。その分、中国との結びつきは薄くなりました。やはり経済的に成長する一方で、政治的にはバラバラです。東アジア全体において、政治権力は各所に分散していたと見てよいと思います（**図表2－4**）。

日本国内の動向も、こうした趨勢《すうせい》の一環だったといえるでしょう。武家政治は特殊な政治形態でしたし、まだ産業技術の面で遅れていたり、宋で浸透した貨幣経済の段階ではなかったりしましたが、多元化と在地主義という大きな趨勢では、東アジアと歩調を合わせていたのです。

温暖化とアジア史の集大成としてのモンゴル帝国

ところが一三世紀に入ると、こうした様相が一変します。モンゴル帝国の勃興と膨張です。チンギス・ハンが複数のモンゴル部族を統一したのが一二〇六年。それ以降、わずか半世紀の間にモンゴルはユーラシアのほぼ全域を制覇します。これは、温暖化によって活動がいよいよ活潑になった遊牧民と、経済発展を遂げた農耕世界による集大成的な動きと考えられます。

モンゴルは武力のみで各地を制圧したわけではありません。遊牧国家として政治と軍事を受け持つ一方、各地の商社・財閥とタイアップし、その活動を保護しながら支配するというギブ・アンド・テイクの関係を築く。このパターンをそれぞれ自立していた国家・地域でくり返すことにより、当時の交通・商業の幹線だったシルクロードに沿うように支配域を広げ、ついにユーラシア全域を単一の政権のもとにまとめあげたのです。

したがって、モンゴル以前の旧国家それぞれの文化的・経済的な自立は維持されました。それを一つにつなぎ合わせる形で、モンゴル帝国が存在していました。

周知のとおり、そのモンゴルはやがて日本にも食指を動かします。一般に「元寇」または「蒙古襲来」と呼ばれますが、それは単に戦争に勝つか負けるか、侵略されるか否かという問題ではありません。アジアにおける日本の立ち位置・向き合い方が試される出来事だったと思います。

すでに述べたとおり、東アジアはもともと遊牧と農耕の二元的世界でした。それが温暖化にともなって多元化していったのですが、モンゴルの台頭によって一転、一つにまとまります。ここに、多元的な複数の集団が政治、経済、文化を分業しつつ共存するというユーラシア的な秩序体系、いわばアジア・システムが生まれたのです。

そこで日本に突きつけられた課題は、そういうアジア・システムとどう向き合うかということです。これまでも、日本は中国をはじめアジアと関係を持ってきました。しかし第一章の冒頭でも指摘しましたが、アジアの歴史をポジとすれば、日本の歴史はネガでした。二元的世界の境界から文明が生まれたわけではないですし、六世紀以前のことは国家の形態すらわかりません。ほとんど神話だけで成り立っている状態です。

モンゴル帝国と日本

その日本がモンゴルに呑み込まれるとすれば、政治的な従属のみならず、社会・経済も多かれ少なかれアジア・システムの中に包摂されることを意味します。モンゴルがそれを打診しに来たのが〝元寇〟ないし〝蒙古襲来〟であり、これを日本は断固拒否したのです。

日本側から見れば、これにはいくつかの理由が考えられます。戦争まで盛んに喧伝されたように、「日本は神国だから」というのは、いささか荒唐無稽かもしれませんが、そうした方向も要因の一つでしょう。政治体制ばかりか思想信仰のありようがまったく異なって、相容れなかった、というところでしょうか。

あるいはいっそう実地の問題として、経済発展が格段に遅れていた、ないし異質だったこともあげられます。アジアでは、貨幣が重たくて不便だとして、すでに紙幣が普及していました。そのころ日本では、ようやく銅銭が出回り始めた段階です。今日に置き換えるなら、有価証券の取引決済システムが発達した経済に対して、駄菓子屋でお菓子を買う程度の経済だったのです。これほど次元が違うので、アジアの経済に組み込まれて、その一部として機能すること自体がおそらく不可能でした。

かたやモンゴル側から見ても、日本のあり方は理解不能だったと思います。とりわけ政治体制およびそれと関わる思想信仰について、アジアでは遊牧民と農耕民の離合集散、分立と提携の歴史の上に成り立っているのに対し、日本ではなぜか中央が文化的な権威を持ちつつ、地方が武断政治を行っている状況でした。おそらくモンゴルにとっては、日本の首都がどこにあるのか、誰と交渉すればいいのか、もわからなかったことでしょう。

したがって、仮にもしモンゴルが軍事力で日本政府を撤廃し、代わりにモンゴル政府の出先機関を発足させたとしても、日本社会を自在にマネジメントできたとは思えません。いかに大陸との交流が盛んだったとしても、アジア・システムの完全な一部にはなりえなかったはずです。

実際、モンゴルとしては、さほど真剣に日本を征服しようとは考えていなかったかもしれません。所詮は極東の、しかも海を隔てた国であり、政治も経済も異質。アジア・システムに組み入れるメリットはあまりなかったはずです。

ただし、モンゴルにとって朝鮮半島は重要でした。特に新たに首都と定めた大都《だいと》(現在の北京)に近い高麗を服属させることは必須です。そこで攻略し、服属させたところ、海の向こうに小さな島を発見する。ならば〝ついで〟に征服しておこうというのが、〝蒙古襲来〟の発端だったのではないでしょうか。

ところが、たまたま暴風に見舞われて撤退を余儀なくされた。これが一二七四年の文永の役です。日本にとっては未曾有の国難であり、物量・武力でとても太刀打ちできない相手でしたが、まさに〝神風〟に救われた恰好です。

そのリベンジが一二八一年の弘安の役です。文永の役が予想外に失敗したので、少し本腰を入れてみようと思ったのでしょう。高麗軍や江南軍を中心として、前回より十万人以上も多い十四万人の連合軍で押し寄せます。しかしこのときも、結局は台風で大損害を受けて撤退しました(**図表2-5**)。

その後、モンゴル帝国内部で混乱が起きたため、〝元寇〟はこれで終わります。表向きは戦争に負けて断念したように見えますが、歴史を俯瞰してみると、そもそも異質な世界なのでさ

図表2-5　モンゴル軍の襲来

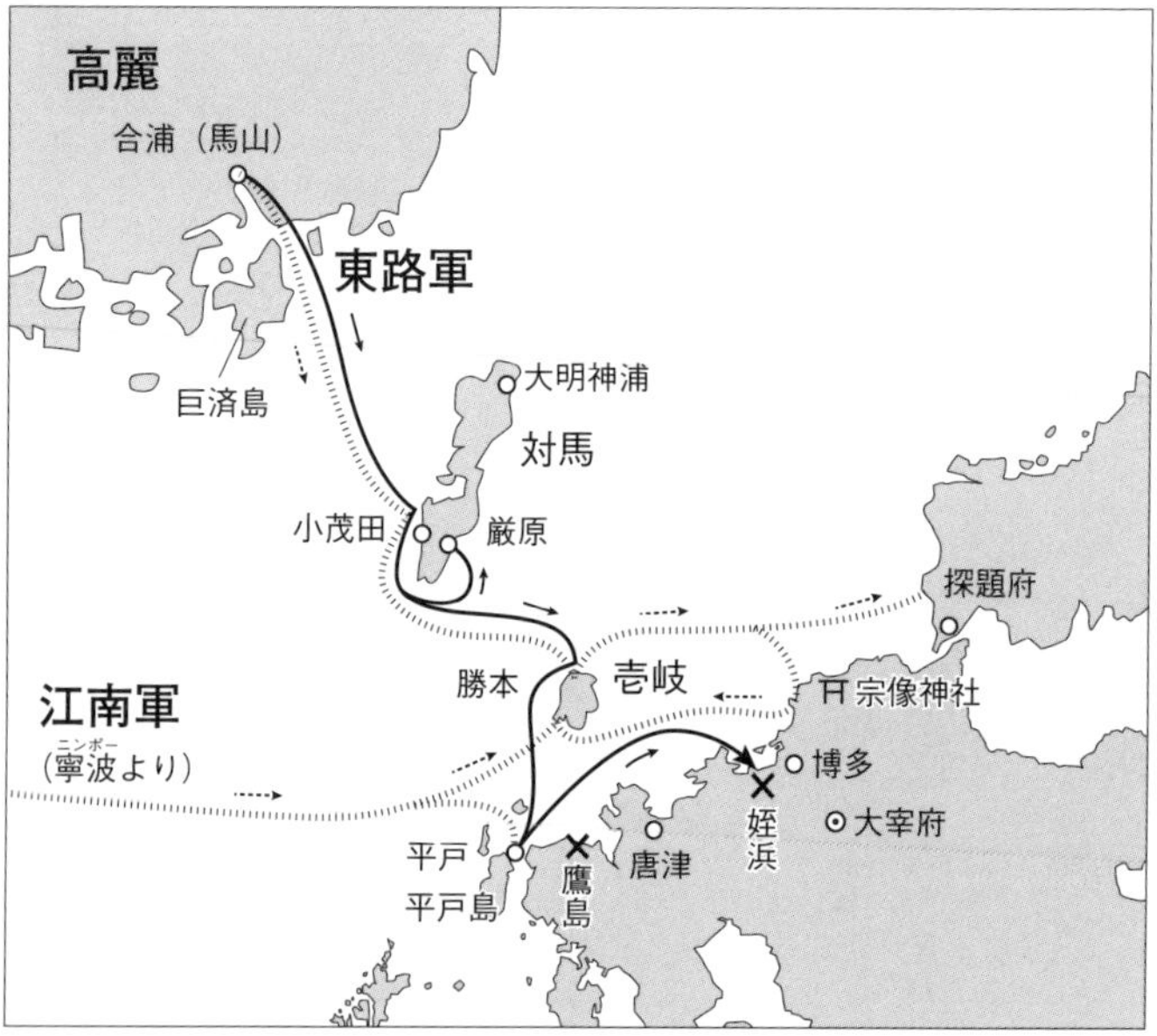

（出所）『最新日本史図表』第一学習社、2010年を一部改変。

ほど熱意を注いでいなかった、というのが実情だと思います。

元寇後も続いた〝政冷経熱〟

なお、こうして政治・社会でまるごとアジア・システムに入ることを拒んだ日本ですが、宋や元との交易はその後も変わらずに継続しました。先進的な物産・文化はもとより欲していたところでしたから、いわゆる〝政冷経熱〟だったと見ればよいでしょう。

数年前、盛んにいわれたこの成句も、もはや過去のものになってしまいましたが、史上の日中関係の基本構造を一語で表現できる便利な言いまわしだと思います。現在は新型コロナウィルスの影響で変調をきたしていますが、早晩あらためてこの状態にもどって、落ち着くことでしょう。

当時とりわけ往来が多かったのは、南宋と福岡を結ぶルートです。当時、博多には華人のコロニーまで存在しました。

そこで興味深いのが、弘安の役における江南軍の存在です。いわゆる「江南」とは、かつての南宋のことで、ずっと経済的に交流のあった国の、しかもその拠点に攻め込んできたことになりますが、その部隊の素性や派遣の理由は不明です。もしかしたら、兵士ではなく移民の希望者や国外追放になった者がどさくさに紛れて押し寄せたのかもしれません。十万という途方もない数の大軍のわりに、鎌倉武士を屈服させられなかったこと、そもそもモンゴルが真剣ではなかったことを考え合わせれば、これは十分にあり得ます。

以上のように考えてまいりますと、すでにこの時点で日本と朝鮮半島の歴史はまったく違う道を歩んでいます。

高麗にしろ、その前の統一王朝である新羅にしろ、常に中国から政治的なプレッシャーがあり、むしろ服従を意味する「冊封《さくほう》」を受けることで国家を維持していました。一一世紀には遊牧国家である契丹《キタン》・遼から、一二世紀には女真人《ジュルチン》の金から軍事的な侵攻も受けています。そして一三世紀になるとモンゴルから猛烈な攻撃を受け、従属国となりました。

こういう状態だったので、朝鮮半島では日本列島のように土俗・独自の政治、社会や文化を築くことがなかなかできません。高麗の後、一四世紀末には朝鮮王朝が誕生しますが、ある面ではそれまでの新羅や高麗以上にすすんで「中国」、当時は明朝に従属して、完全コピーをめざすようになるのです。

日本史が世界史の表舞台へ

ところで、モンゴル帝国と日本の間で起きた現象は、ユーラシア大陸のはるか西端でも生じていました。

周知のとおり、モンゴル帝国は東アジア方面だけではなく、西のヨーロッパ方面でも支配域を広げます。しかしそれは、キプチャク草原が及ぶモスクワあたりが限界でした。そこまでがいわばアジア・システムの包摂支配できる範囲で、それより西の森や細々と農業が行われている地域は、統制不能だったと思います。

だから東側の日本列島では、文永・弘安の役で撃退されましたが、西側のヨーロッパでは、ドイツ・ポーランド連合軍とのワールシュタットの戦いの舞台となったポーランド西部あたりが限界点でした。この一戦では圧勝しましたが、直後にモンゴル宗家の君主の急死により撤退します。以後、これより西に攻め入ることはありませんでした。それが、歴史的必然だったと

図表2-6　モンゴル時代の東西の経済的交流

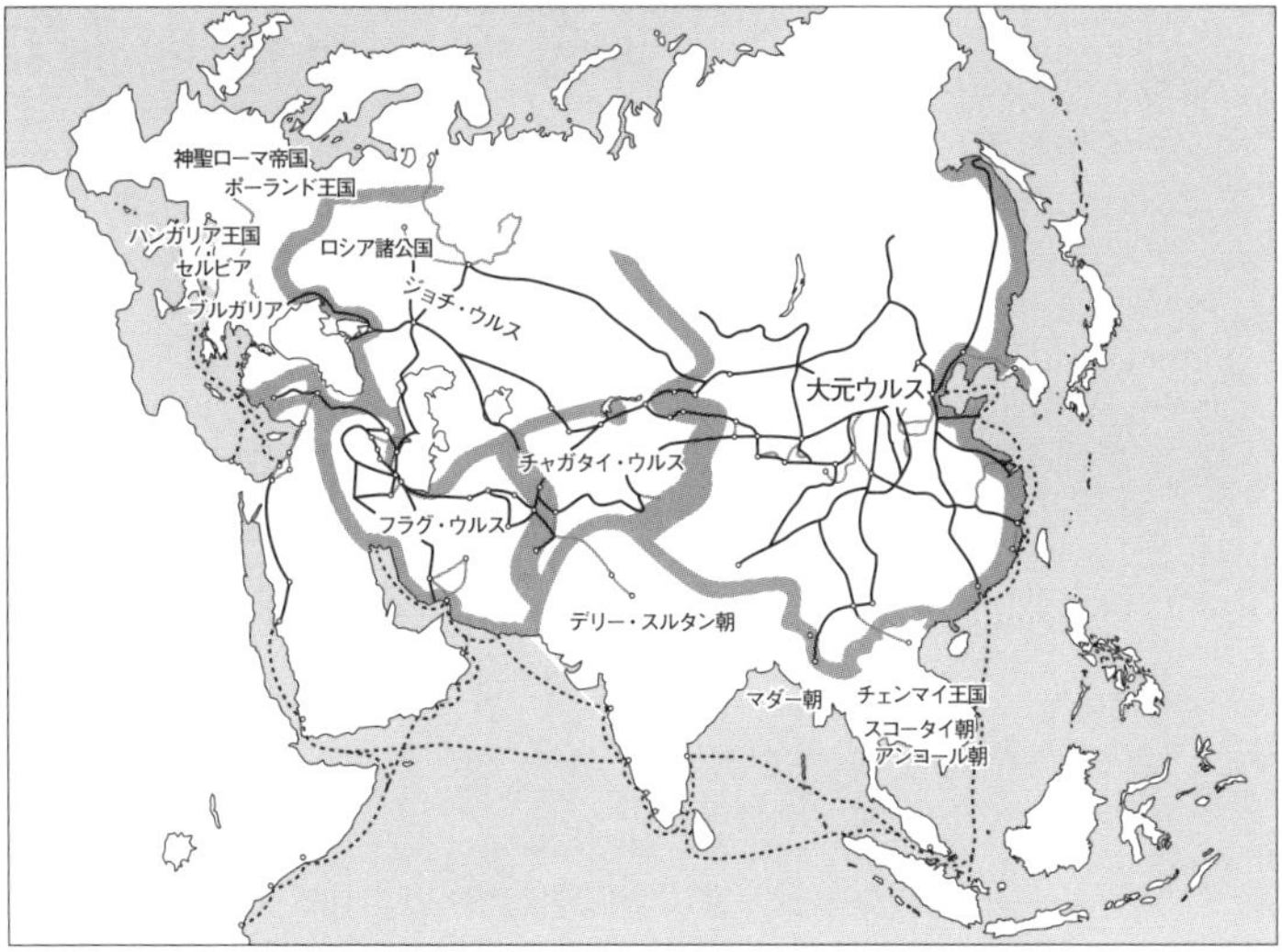

（出所）本田1991をもとに作成。

思います。

ここで思い出していただきたいのが、第一章で紹介した**図表1－1**の「梅棹文明地図」です。ユーラシアの東西の端に壁があることを示していますが、モンゴル帝国の拡大の限界がその正しさを歴史的に証明しているわけです。

この後、ユーラシア東西の両端はアジア・システムとは違う経済を作り上げていきます。言い換えるなら、モンゴルが台頭し制覇した一三世紀は、アジア史の集大成であるとともに、世界史の〝ポジ〟だったアジアに対して、〝ネガ〟にすぎなかった両端のプレゼンスが、史上初めて主張された時代でもあったということです（**図表2－6**）。

これまでの世界史において、日本史は不要でした。西洋史も同様です。別に語らなくても、世界史を説明することは十分に可能でした。しかしこれ以降、そうはいかなくなります。日本史と西洋史がなければ、世界史が成り立たない時代に入ってきた。〝ネガ〟だったものが、いよいよポジティブに作用するようになったのです。

ここまで述べてきたように、日本の歴史は中国をコピーすることから始まります。しかし国家を形成するにつれ、コピーでは社会とマッチしないことに気づいて、土着化・土俗化していきました。やがて平安時代後期あたりから地球は温暖化に向かい、東アジア全体が活気づいて多元化してくると、日本も地に足の着いた、土着の民間主導の開発・交易が盛んになるとともに、武家社会という独自の土俗的な政治体制を作り上げていきます。

そして、東アジア発展の末に誕生したモンゴル帝国とは、社会・経済・政治の次元が違いすぎて一線を画すことになり、構築した独自のシステムを発展させていきました。これが一三世紀の日本の状況であり、次の時代への前提となるのです。

第三章

「日本全体が入れ替わった」時代

【室町時代～戦国時代】

モンゴル帝国と鎌倉幕府、崩壊の共通点

一三世紀、温暖化の集大成としてユーラシアに登場したモンゴル帝国、日本に登場した鎌倉幕府は、いずれも一四世紀にほぼ時を同じくして姿を消します。主な要因は、折からの寒冷化でした。同じ契機で生まれながら、まったく規模も性格も異なった大陸と列島の政権は、やはり同じ契機によって、それぞれの最期を迎えることになります。

まずモンゴル帝国については、これまで積極的に推進してきた商業が大きく衰退しました。人々の移動の制限が経済にダメージを及ぼすことは、われわれも昨今のコロナ禍で体験しているところでしょう。一四世紀のユーラシアでも、寒冷化によって中央アジアで発生した「疫病」がヨーロッパと中国に伝播し、大流行しました。ヨーロッパでは、これが「黒死病」（おそらく腺ペスト）と呼ばれます。

それればかりではなく、寒冷化は農作物の生産量にも影響します。これらによってモンゴル帝国を中心に回っていたユーラシア世界経済は大不況に陥り、原動力を失った同国も必然的に衰退していきました。

そのころ、中国ではモンゴル帝国を統《す》べていた大元国《ウルス》を駆逐して明朝が誕生します。この新政権が行ったのは、徹底的な鎖国・統制・管理政策でした。漢人の範囲だけを「中華」とし

た上で、北は万里の長城を境に遊牧民と区別し、東部の海岸線も出入りを厳しく制限します（図表3－1）。

儒教の言葉を借りれば、これは「中華主義」とか「華夷思想」などと形容されますが、その内側でも交通・流通・移動を制限していましたので、要するに、現今のコロナ禍でのいわゆる〝巣ごもり〟のような体制に入ったのでして、疫病・不況の情況を前提として、それに見合う制度を構築したことになります。

一方、日本も鎌倉時代末期から南北朝時代（室町時代）にかけて、きわめて寒かったといわれていますす。それが鎌倉幕府を滅亡に導いたとは、比較的最近になって指摘されるようになりました。だとすれば、日本の動乱もやはり東アジア全体の動向と連動していたといえるでしょう。

図表3－1　明朝の版図

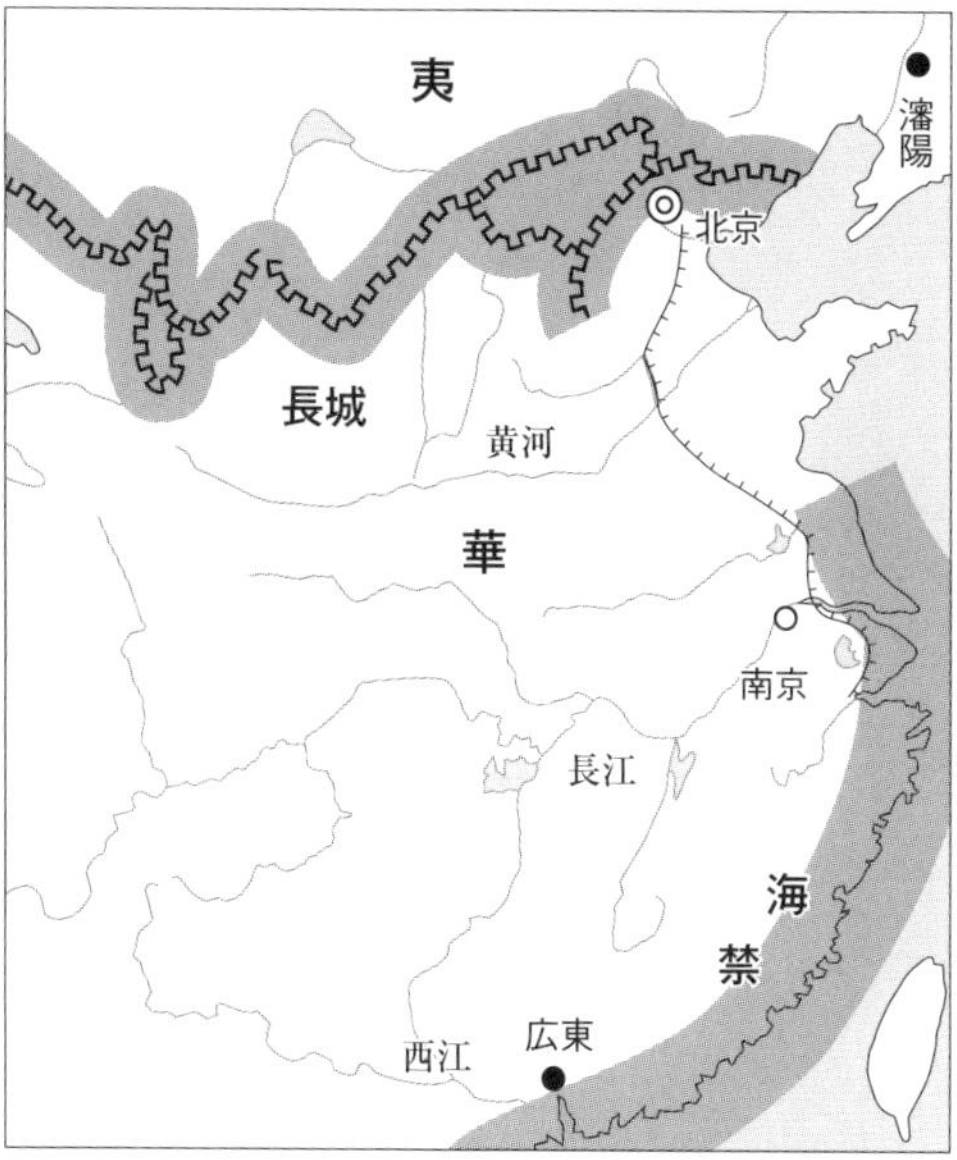

（出所）岡本2019［c］。

鎌倉幕府も温暖化を前提として成立していました。その構図はモンゴル帝国や中国と比べればきわめて単純、農作物の生産が地方経済の基盤となり、東国武士の生活を支えていました。しかし寒冷化に向かえば、この前提が崩れます。

まして、温暖化とともに京都・近畿あたりで発達した商業や、中国からもたらされた先進的な技術や文化などは、武門・関東の首府であった鎌倉を例外として、おそらく他のほとんどの開発途上だった地方・農村までは届いていませんでした。それだけに、危機に対しては脆《もろ》かったと考えられます。

室町幕府の位置

そこで室町幕府以降の最大の課題は、寒冷化という環境にどう対応していくか。つまり、それまでに増大した東国の農業と武力に、西国の先進的な技術や商業・文化をいかに結びつけ、新しい秩序を作っていくかということです。その解をなかなか見出せないまま模索し続けた営みが、その後の日本史のメイン・テーマだといえるでしょう。

前掲（**図表1－3**、**図表1－4**）の年表によれば、日本の鎌倉時代から室町時代までは「中世」であり、東洋史やヨーロッパ史でいえば「近世」の時代に該当します。やはり時代のギャップがあって、これ以降、中国・アジアはもちろんですが、ルネサンスを経たヨーロッパも、日本にいよいよ少なからず影響を及ぼすことになります。

発足して間もない室町幕府にとって喫緊《きっきん》の懸案は、明朝とのつき合い方でした。それまで日宋間であれ日元間であれ、民間主導で比較的自由に交易を行ってきました。それがアジアにおける後発国である日本の成長を支えた面もあります。

宋もモンゴル帝国も、そのあたりは鷹揚でした。たとえば足利尊氏・直義の時代には、京都・天龍寺の造営費を稼ぐため、大元ウルスに「天龍寺船」と呼ばれる貿易船を派遣したことは有名でしょう。

ところが、幕府発足からおよそ三十年後に誕生した明朝は、前述のとおり交易を極端に制限します。その大転換にどう対処するかが大きな課題だったのです。

これには、幕府にとって看過できない国内事情も絡んでいました。敵対する南朝の後醍醐天皇の息子・懐良親王は、「征西大将軍」として九州へ赴き、一円に大勢力を築きます。なぜ九州に目をつけたかといえば、もともと豊かな地だったからです。

かつて建武新政の時代、後醍醐天皇に反旗を翻して京都で戦いに敗れた足利尊氏は、九州まで逃れます。しかし短期間のうちに体制を立て直し、再上洛を果たしました。尊氏にとって九州は策源地でした。

その背景にあるのは、もちろん開発がすすんだ肥沃な土地と住民の剽悍《ひょうかん》な武力でしょうが、さらにつけ加えていえば、おそらく以前から隆盛に赴いてきた中国との貿易でしょう。日宋貿易の拠点だった博多をはじめ、地の利を活かして頻繁に往来して富を得ていたのだと思います。劣勢の南朝が、その九州を押さえて捲土重来を期そうと考えたのは当然かもしれません。

明朝との関係

やがて明朝が誕生すると、「朝貢一元体制」を打ち出します。原則として内外の交通を遮断し、いわば鎖国はするものの、冊封国、つまり臣下と認めた国からの朝貢だけは使節団を受け入れて、一定の交易なども許可するというスタンスです。明朝は当初、室町幕府ではなく懐良親王と交渉して「日本国王」の称号を与えました。九州の活潑な交易の履歴から、そう判断したのでしょう。

これに困ったのが幕府です。明朝との交易の道を断たれるだけではなく、敵対する南朝が交易の利を得ることになるからです。そこで幕府は三代将軍足利義満のとき、九州に兵を送り込んで懐良親王を追放します。そのうえで、いつの間にか義満が「日本国王」に収まりました。その経緯については諸説ありますが、ここではあまり関わってこないので、詳細は省きます。

その後、明朝は永楽帝の時代に体制を固めて勢威を張り、日本は義満が将軍職を息子の義持に譲りながらも実権を握り続けます。この両者の間で始まったのがいわゆる「勘合貿易」です。明朝が発行する「勘合符」を持つ者だけが貿易を許可される朝貢制度の一種で、日本では幕府だけがその権利を得たことになります。

ここからわかることが二つあります。一つは、結局日本に「日本国王」はいないということです。中国から見れば厳然と存在するわけですが、日本側にその概念はありません。便宜上そう称しているだけです。

こうした認識の不一致は、『隋書』倭国伝の「日出づる処の天子」や「天皇」の称号以来、おそらく日中関係の歴史においてずっと続く構造でしょう。

そしてもう一つは、こうした不一致を乗り越えて、お互いに実利で結びついたということです。日本側としては、貿易によって利益を得たい。あくまでも属国としての朝貢なので、持参した土産より数倍の〝お返し〟をもらえるのがふつうでした。

一方の中国側も、日本と朝貢関係を結ぶことにメリットを見出していたのでしょう。新たな朝貢国ができることは、臣従する国々が増えるわけですから、明朝の国威発揚につながります。内外に天子君臨の正統性をアピールできるからです。しかも前代にはモンゴル帝国を撃退した、ずっと大陸に反抗的な日本のような国を帰順させたとなれば、その訴求力も大きかったと思われます。もともと権力と権力とは打算で結びつくものですが、「勘合貿易」も例外ではなかったのです。

京都の変貌

ただし、足利幕府自体はずっと安定しません。そもそも幕府をどこに置くかが定まりません。京都か鎌倉か、両地は尊氏・直義兄弟以来、ずっと対立相剋をくり返しています。一般には義満の時代に南北朝が統一され、全盛期を迎えたといわれていますが、このあたりも諸説あるようです。

いずれにせよ明らかなのは、京都に本拠をすえた足利幕府は、多数の有力な守護大名による連合政権だったということです。辛うじて足利宗家が頭一つ抜きん出て、将軍職を継いでいる状態でした。これをどう安定させるかが長年の懸案でしたが、ついぞ解決することのないまま応仁の乱を迎え、その後の戦国時代を招いたわけです。

守護はもともと諸国の検断にあたってきた役目ですが、次第に任地を領国化するようになってきます。逆に言い換えるなら、それだけ各地方の地元で根を張る在地勢力が発達して力をつけ、それぞれの守護を支えるまでになったということです。

それでも守護自身は、将軍を支える臣下でもありますので、中央と任地・領国のはざまにあって、それぞれの立場でふるまう必要が出てきました。両者がたがいに矛盾をきたし、両立できない局面も出てきました。これが不安定の続いた要因でして、やがて守護大名そのものを消滅させてゆくその帰趨《きすう》が、日本史における大きな転換点をもたらすことになったといえるでしょう。

そうした不安定な室町時代の一五世紀は、京都が大きく変貌する時代でもありました。もともとは八世紀末、東西の結節点であるこの地に、唐の寒冷化対応システムの首都・長安をコピーして平安京を建設しただけでした。たしかに首都ではありましたが、孤立した存在だったといってよいでしょう。しかし室町時代から、空間的地理的に周囲と欠かせない連関を有する日本の政治・経済・文化の中心地として、本格的に機能し始めるのです。

それは同時に、日本の歴史の流れが時系列的に有機的なつながりを持ち始めたことも意味します。国内だけではなく対外的にも、この時代の出来事がその後の歴史に確実に影響を及ぼすようになったのです。その時間的・地理的な出発点が、室町時代の京都だったといえるでしょう。

たとえばNHKの大河ドラマで、戦国時代が舞台になることがよくあります。登場人物の戦国武将は、みな判で押したように「天下を取る」の同義語として「京に入る」「上洛をめざす」という言い方をします。しかしそれがなぜ京都なのか、考えてみたことはあるでしょうか。

いったい京都には、不思議な面があります。小さな集落がしだいに成長して都市になったり、また衰退したりするケースは多々ありますが、京都は生まれながらにして都市であり、その地位や価値をずっと維持し続けました。こういう都市は、日本では他に類例がありません。

重層する京都

平安京時代の地図を広げても、今日の京都は歩けません。その代わり、戦国時代の京都市街図なら、十分に歩けます。つまり今日の京都の原型は、室町時代から戦国時代にかけて作られたのです。その総仕上げをしたのが、御土居《おどい》（京都を囲む土塁）を建設し、町割を引き直した豊臣秀吉でした。このとき、初めて京都という都市の規模と構造が確定したといえるでしょう。

その構造は比較的単純です。京都の地形は北東部に流れる鴨川のあたりが高く、南西に流れて桂川と合流するあたりで低くなっていきます。したがってまず、高地で水はけがよく住みやすい北東部に、権力者とその周辺の人々が集まるようになりました。京都御所はもちろん、室町幕府も現在の相国寺や同志社大学のあたりにありました。このあたりが、「上京《かみぎょう》」と呼ばれる地域です。

一方、現在の京都の繁華街の「下京《しもぎょう》」はむしろ低湿地で、もともと住む人のごく少ない地域でした。しかし首都として人が集まり始めると、商業をはじめとする産業も興ってきます。そうした人々が居を構えたのが、このあたりです。文字どおりダウンタウンというところでしょうか。有名な祇園祭を現在のような形にしたのも、当時の「下京」の商工業者たちでした。彼らが成長していわゆる「町衆」となっていきますが、この「下京」の生成・存在こそ、「中世」の京都の特質です。

つまり京都は、まず以前からいる政治的・文化的な指導者の公家と政治的・軍事的な勝者である武家が牽引する形で人が集まるようになり、それに追随するように商業や金融業が栄えて、両者あいまって発展が加速していきます。こうして京都は諸種の機能が重層する構造の都市として確立しました。

その結果、京都に権力も富も文化も集中し、名実ともに日本の首都としての機能を果たすようになったのです。首都にあらゆる国の機能が集中する、いわゆる「一極集中」という日本の性向は、このあたりから始まっているといってよいでしょうか（図表3－2）。

中心都市としての京都

現在の京都には、上京と下京の間に「中京区《なかぎょう》」が存在しています。「中京区」が正式な行政区画としてできたのは二〇世紀になってからですが、地域的なまとまりはそれ以前からありました。まとまり、というより、図表にもあるように「上京」と「下京」の間に介在する空隙地がそうでして、それも応仁の乱が原因です。まさにこの場が戦場になり、焼け野原になりました。言い換えるなら、もともとほとんど何もなかったからこそ戦場になり、存分に焼き払われたわけです。

図表3-2　戦国期の京都市街図

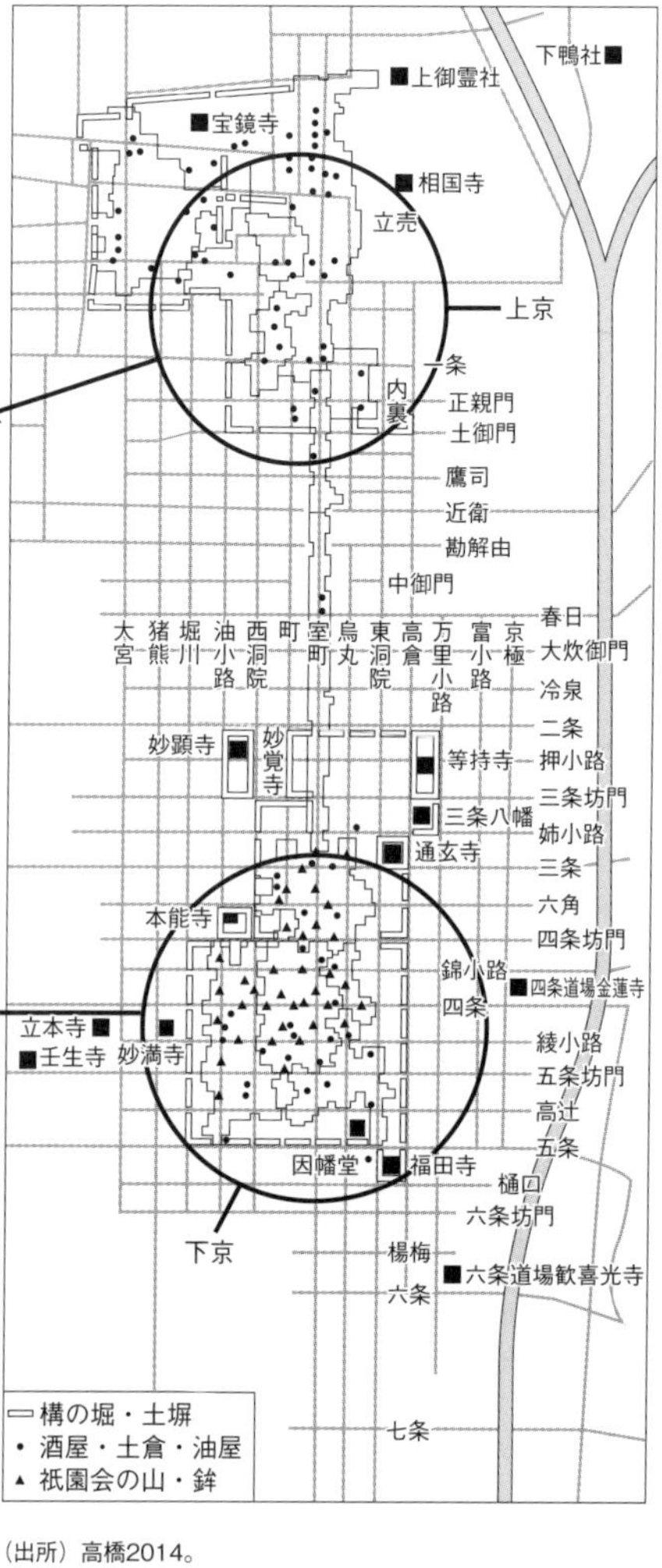

（出所）高橋2014。

その空き地に、後に上洛した戦国大名が陣を張りました。織田信長が足利義昭のために建てた（旧）二条城も、本能寺も、豊臣秀吉が建てた聚楽第《じゅらくだい》も、そして徳川家康が新たに建てた二条城も、すべてこの地域にあります。上京の公家・下京の町衆の両方に睨みをきかせる意味でも、地理的に都合がよかったのでしょう（**図表3－3**）。

そんな中京は今でも京都のローカル政治の中心地ですが、全国を治めるにはやはり狭隘《きょうあい》で

図表3-3　京都市街における信長以降の建造物

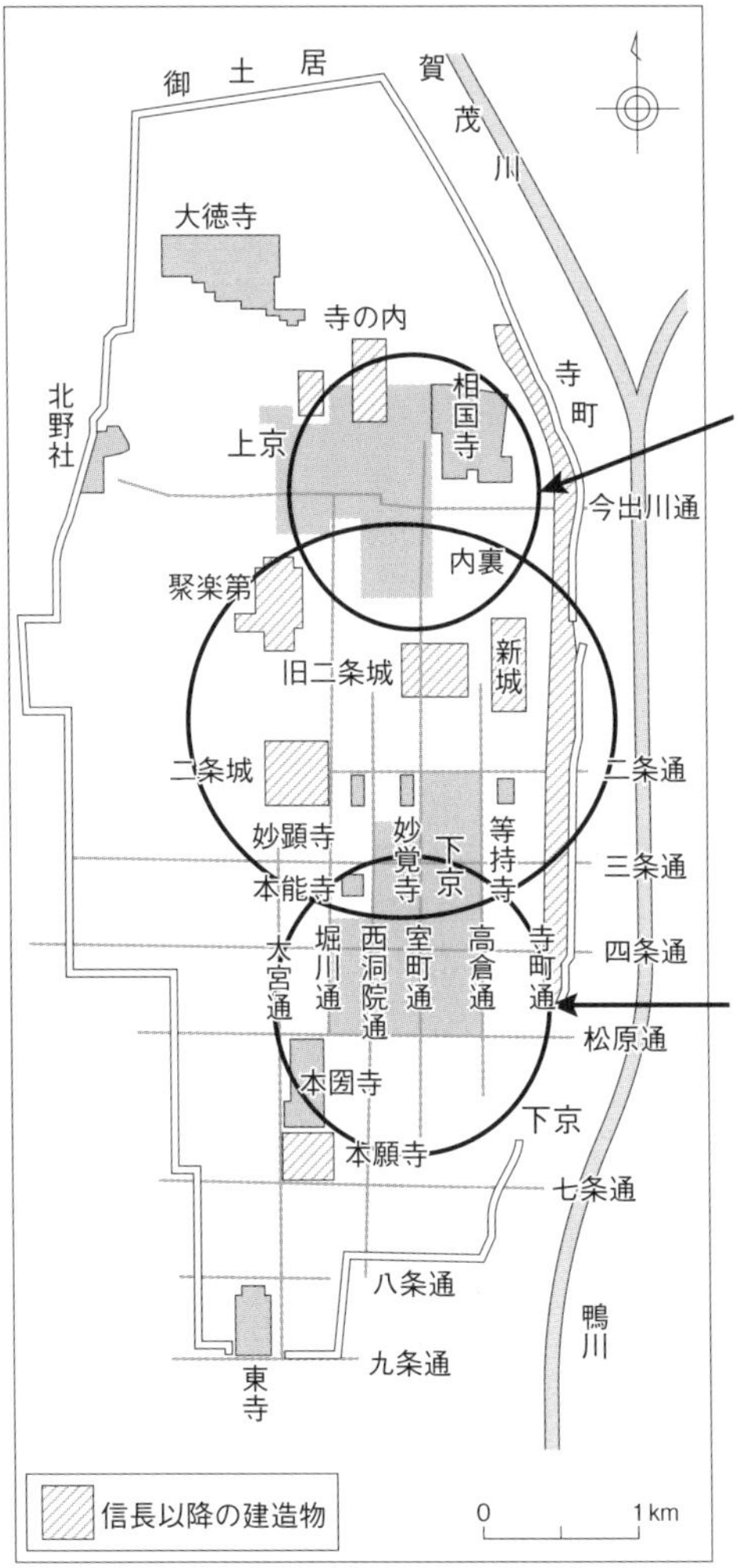

（出所）水本2008。

不便な面があったのか、水運が利用できる伏見が大坂との中継地として開発されました。

こうして京都自体が発達拡大し、日本のトップリーダー的な都市になると、全国各地にそれを真似た「小京都」「豆京都」が出現して地方開発がすすみました。たとえば山口県山口市に現存する大内小京都などは、その典型例です。

大内氏は守護大名として、京都の足利家を支えることを信条としていました。そのため、西国大名の中でも特に京都とつながりが深かったのでしょう。おそらく京都から商人や職人を呼び寄せたり、逆に地元の人間を京都に派遣したりといった交流は、かなり頻繁に行っていたと思います。

あるいは各地の小京都も京都と結びつき、また小京都どうしでも人々が往来し、相互交流のネットワークが築かれていきました。その交流で経済が活性化し、衣食住など生活全般にまつわる新しい文化が生まれ、広まり、定着していったことはいうまでもありません。

明治から大正にかけて活躍した歴史家の原勝郎《はらかつろう》は、それこそが日本的な文化の原型であると看破しました。つまり、われわれが「日本的」と呼んでいるものの多くは、京都を中心都市とした室町時代にできあがったというわけです。これは、今日の専門家の間でも常識とされています。

その意味でも、室町時代とその時代の京都がその後の日本史に残した足跡は、きわめて大きいといえるでしょう。

東アジアの経済発展

ただし、当時の日本が全国一律均等に発展・成長を遂げたわけではありません。九州をはじ

図表3-4　江南デルタの発展

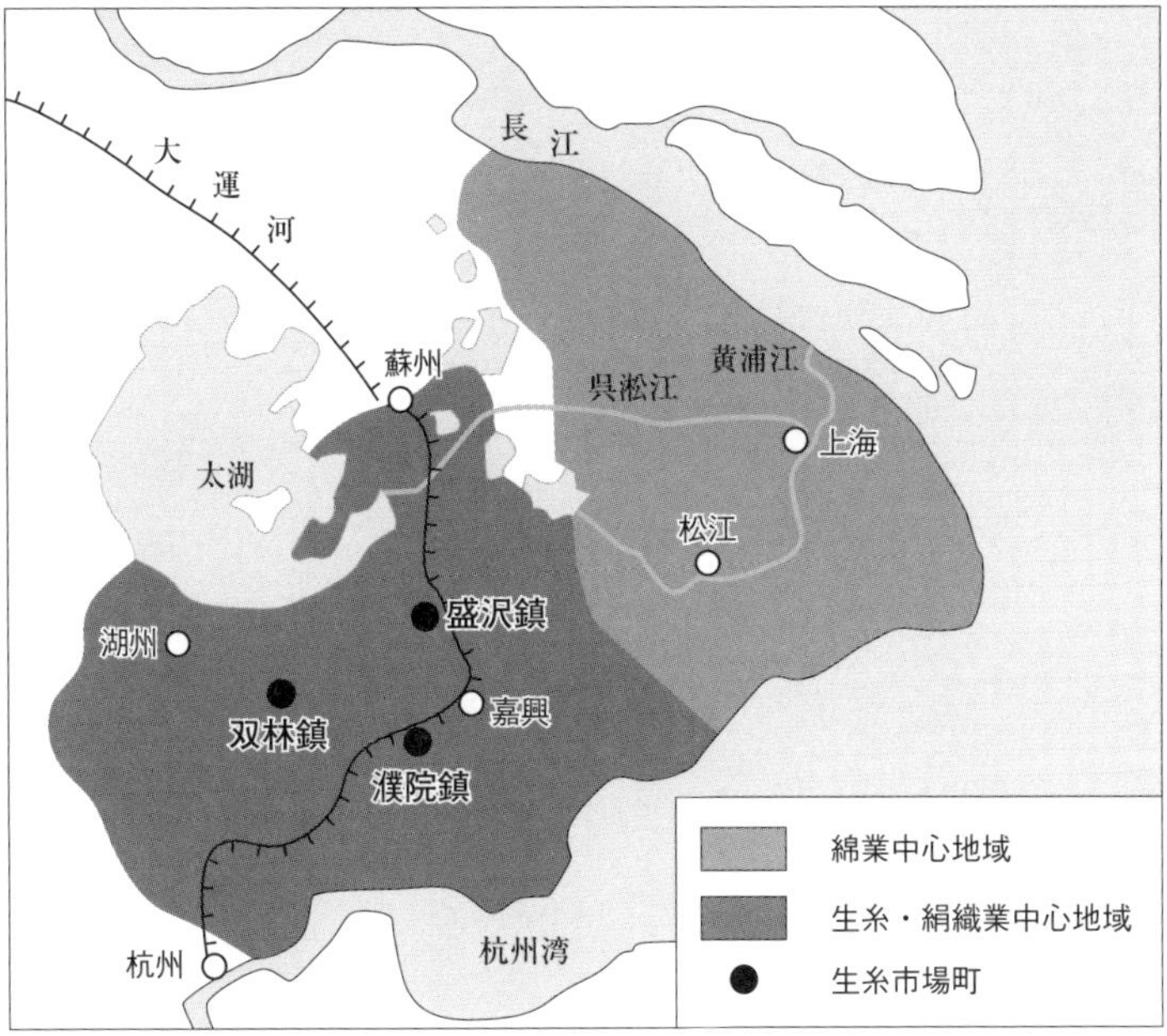

（出所）岸本1998をもとに作成。

め京都より西方は力強く発展しましたが、東方は経済的・文化的に立ち遅れました。その明暗の鍵は、やはり中国にあります。西方は、地理的に中国と近く、そことの交易・交流が有利だったからです。さらには、中国を経由して入ってくる南蛮渡来の技術や知識の影響も受けやすかったはずです。

一五～一六世紀にかけて、明朝の「朝貢一元体制」は揺らぎ始めます。一面の水田地帯・米作モノカルチャーだった江南デルタ地帯が工業化するとともに新しい産業が発展し、中国における経済・文化の中心地になっていきました（図表3－4）。それが各地域の開発と商業化を促進し、分業体制が築かれます。

この時代の中国では、「湖広《ここう》熟すれば天下足る」という成句ができました。これは江南デルタ地帯が産業化するとともに、人口が増加集中してかれらを養う食糧に不足をきたすようになったため、なお未開発だった長江中流域の湖北・湖南地方で、米作がさかんになって穀倉化したことを表しています。これが地域間の分業体制が確立する大きな契機になりました。

それなら、江南デルタの工業化がうながした周辺地域の再開発は、西ばかりにとどまるはずはありません。東の、海を越えた周辺に及んでもおかしくないでしょう。そう考えれば、日本中世の経済発展も、「湖広熟すれば天下足る」となった東西パラレルな動向として捉え、中国の地域間分業の一環を日本列島が担っていたと見ることが可能でしょう（図表3－5）。それでは、その役割とはどのようなものだったでしょうか。

当時の中国には通貨がありません。商業的センスに長けたモンゴル帝国とは対蹠的に、明朝は物々交換で経済を回そうとしていたためです。しかし民間主導で地域間の流通が活潑になると、これはたいへん不便です。そこで人々は、自ら通貨を作り出していきます。それを「私《し》鋳銭《ちゅうせん》」といいます。とはいえ民間どうしでは信用が足りないので、金や銀のような貴金属が重宝されました。

もちろん国内だけでは足りないので、海外から持ってくるしかありません。そのため、積極

図表3-5　湖広熟すれば天下足る　～中国における地方間分業図

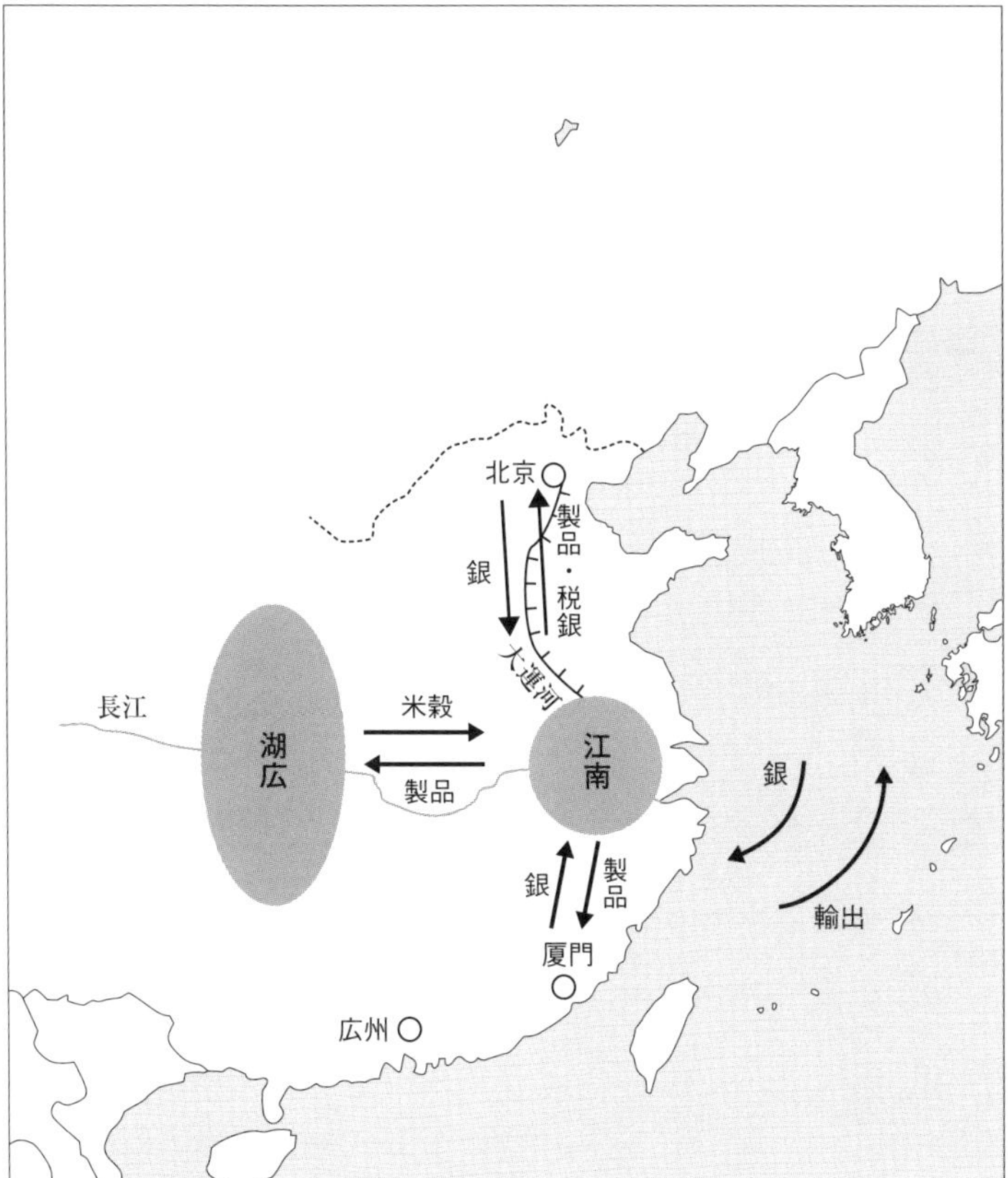

（出所）岡本2013をもとに作成。

的に貿易に乗り出していくわけです。ちょうどヨーロッパは大航海時代であり、中国沿海の貿易は活況を呈します。つまり、物々交換を定めて海外貿易を禁じた政治の統制を、民間のパワーが覆していきました。

ただ歴史が古い地域の金銀は、古くから使われたので早くに採り尽くされてしまうのが歴史の常です。中国も例外ではなく、鉱脈はもはやありませんでしたので、金銀を得る主なターゲットは新興地域になります。それが「発見」されたばかりのアメリカ大陸であり、なお未開の日本列島でした。

日本で「宋銭」が使われた理由

なお通貨については、これ以前、つとに日本は中国から影響を受けています。そもそも貨幣というものを生み出したのは中国です。すでに貨幣それ自体は春秋戦国時代から使われていますが、それがわれわれも想像できる通貨らしい機能をそなえるようになったのは、唐代からです。

唐宋変革の一〇世紀以降、宋の時代には、銅銭を本位貨幣として流通させ、いよいよ通貨らしくなってきました。流通経済の時代になったのですが、当時の経済を賄うには、今度は銅銭じたいの量が圧倒的に足りなかったため、試行錯誤のすえ、新たに紙幣を生み出します。

しかし紙幣はじめ、素材価値のない貨幣は、額面価格のコントロールが難しいものです。宋の政権は紙幣をうまくコントロールできなかったのですが、そこに支配者として登場したモンゴル帝国はその政策を積極的に推し進め、銀などとうまく嚙み合わせることで、むしろ紙幣のみを流通させます。

さらに明の時代には、前述のとおり通貨自体がほとんど使われません。こうして、大量に余った宋銭は海外に輸出されることになりました。鎌倉時代から室町時代にかけて、日本で宋銭が広く使われたのはそのためです。

その後、中国では産業が発達して、貨幣需要が高まりましたが、明の政府は通貨政策に失敗したので、必要な貨幣を民間で独自に調達、創造しなくてはなりません。私鋳銭がしきりに作られるようになったのも、そのためでした。その風習は日本にも伝わり、いわゆる「びた銭」が多数作られます。

しかし私鋳銭では通用価値に限界があります。その価値を認め合える一定の範囲・集団の内部でしか通用しないのです。つまりその埒外《らちがい》との遠隔・大口の取引には使えないということになりますので、誰もが価値を認めることのできる貴金属が合わせて必要でした。そこで、海外から金銀を求めるようになっていきます。

日本はそれに応じて、主に銀を中国に輸出します。それが日本各地の鉱山開発や経済発展、商業化に拍車をかけることになりました。また日本国内でも貨幣の需要は高まりますが、宋銭のストックと銅鉱脈が少なからずあったため、後の江戸時代に政権が発行管理する正規の銅銭が作られます。それがたとえば、有名な寛永通宝です。

日本を豊かにした「倭寇的状況」

中国に銀を輸出するようになると、日本人は贅沢に目覚めます。中国から江南産の高価な絹や木綿を大量に輸入できたからです。

当然、勘合貿易だけでは賄い切れません。そこで明朝が認めていないはずの、民間による密貿易が横行します。実は明朝も、それをある程度黙認します。禁令どおりに取り締まったとしたら、たちまち国内経済が回らなくなることをわかっていたからです。もはや密貿易とは呼べないほど、その規模は勘合貿易を大きく上回っていました。この時点で、「朝貢一元体制」はほぼ崩壊していたといえるでしょう。

ただし、あまりに放置すれば政権の威信にかかわります。そこで一六世紀半ば、明朝政府は突如として密貿易に対する制限・弾圧に乗り出します。主なターゲットは、北方で茶と馬との貿易を求めていたモンゴル人と、南西部の沿岸地域で密貿易を行っていた日本人業者、つまり「倭寇」です。この両面作戦はほぼ同時期に実行され、それで大きな騒擾が起こったことから、合わせて「北虜南倭」と呼ばれています。

中国の事業者、生産者、それに倭寇のような海外の事業者も、政府の弾圧に軒並み反抗します。結局、明朝はそれを抑え込むことができず、北でも南でもかえって内憂外患を引き寄せることになりました。

特に南の沿岸部には、密貿易基地のような拠点が各所に生まれました。もともと寧波《ニンポー》が勘合貿易の集積地でしたが、その南に位置するマカオや、後には少し北の厦門《アモイ》なども栄えます。国内と海外の事業者がより多く集まり、かえって恒常的・積極的に取引が行われるようになったのです。

現代の研究では、「倭寇的状況」と表現しています。一過的な事件でなく「状況」という常態というわけです。中国的な表現に言い換えるなら、「華夷同体」といったところでしょう。明朝の「華」人と海外の「夷」人（野蛮人）が寄り集まってアングラ・マーケットを形成したわけです。

「倭寇的状況」の諸相

一方、日本では長崎県の平戸が拠点になりました。宋やモンゴル帝国と交易していたころは博多が中心だったはずですが、よりシナ海に出やすい立地という理由でしょう。

いずれにせよ、平戸には多くの中国大陸から来た華人が住み、やはり「華夷同体」な街として栄えます。そこは大陸の沿海と変わりありませんので、環シナ海交易圏とでもいうべきでしょうか。そんなボーダーレスな世界を象徴する人物が、華人の父・日本人の母から生まれた鄭《てい》成功《せいこう》です。後に厦門を拠点として、台湾にも勢力を拡大して鄭氏政権を築くことになりますが、七歳まで平戸で過ごしています。

やがてその平戸に、ヨーロッパからも船が到着するようになります。「倭寇的状況」のなかで形成された日中間の交易を仲介・中継したのが、ヨーロッパ列国でした。異形の「南蛮」「紅毛」は鉄砲やキリシタンで目立ちますが、全体のありようとしては、脇役にすぎません。

平戸には各国の商館も建てられましたが、幕府は平戸の機能を丸ごと長崎の出島に移しました。もちろん管理を徹底するためで、長崎・出島といえばオランダ向けの窓口というイメージが強いですが、もともとは華人のほうが多かったのです。

なお「北虜」のほうでも、万里の長城沿いに貿易の拠点がいくつも生まれました。その一つが、現在の内モンゴル自治区の呼和浩特《フフホト》です。モンゴルと明朝が争った後、ここは「帰化城」と呼ばれるようになります。モンゴルが帰順したとの明朝側の言い分ですが、それは建前で、実際には明朝の体制に背いた貿易の場だったのです。

南でもそうですが、当時こうした拠点で商売を成立させるには、セキュリティを保つための武力も不可欠でした。その多くは自衛が目的でしたが、北東の遼東地方で狩猟に従事していたジュシェンは違いました。漢人と交易をしながら勢力を結集して強大な武力を蓄え、政治的な力まで持つようになります。後に、彼らが清朝を打ち立て、明朝を相続することになるのです。

住地は山間部から沿岸部へ

いずれにせよ、一六世紀ごろの日本は、中国の民間貿易の活性化とヨーロッパ各国の「覇権」競争から多大な影響を受けていました。すでに以前から地方が経済的に自立し、それぞれ力を持ち始めていましたが、その動きは海外の経済成長や社会変動によって、著しく加速したのです。

当時の社会の変化は、端的にいえば二つあります。もちろん両者は関連しているのですが、便宜的に分けますと、一つは、庶民が軒並み豊かになったこと。生産の増大はもとより、商業の発達にくわえ、海外からもたらされた技術や文化がそれを可能にしました。

もう一つは、生活の拠点が山間部から沿岸部へ移ったこと。河口附近の沖積平野に治水を施して、低湿地を干拓して耕地に変え、稲作を行ってより多くの人を養うことができるようになりました。

新田開発や住居建設のような土木工事が拡大発展するには、新しい技術はもとより、多くの人手とともに多くの資材や道具が必要になります。そうした動員・調達や加工のために商人や職人・人夫も集まってくると、衣食住をはじめとする生活インフラの整備も欠かせません。

かくして沿岸部に都市ができ、やがて大坂や江戸のような大都市に発展していくわけです。山から海へという人の流れはその後の日本史のトレンドになりますが、発端はこの時代でした。ちょうどこの時期、支配体制の再編成が始まるのも、おそらく根柢ではつながっていた出来事です。それが応仁の乱であり、それに続く戦国時代の下剋上です。東洋史学者の内藤湖南は、この一連の動乱期を「日本全体の身代の入れ替わり」と表現しました。それも日本単独の動きではなく、ここまで述べたような中国やヨーロッパの変革と歩調を合わせた結果だと考えるべきでしょう。

応仁の乱自体は、基本的には単なるお家騒動です。それは太古から近現代まで、極論すれば家の数だけくり返されてきたことであり、けっしてめずらしい話ではありません。日本の政治を担う名族がこぞって参加し、首都の京都を焼け野原にしたという派手さにおいて目立つだけです。

ただしその前後において、人々の生活が前述のように大きく変わったことは間違いありません。だから歴史を見るうえで、同時代に何があったかという一つの目印として都合がいいのです。内藤湖南が応仁の乱を取り上げたのも、そういう意図でした。

したがって、乱そのものの経緯をいくら掘り下げても、あまり意味があるとは思えません。探偵小説として、もしくはスキャンダルやゴシップとしては面白いですが、それ以上の価値はないでしょう。それよりも、ちょうど応仁の乱の時期に起きた社会構造の変化や、それをもたらした世界史的な状況についてこそ考察すべきなのです。

織田信長という突然変異

応仁の乱に続く戦国時代も、実態は大河ドラマで描かれるような世界観とはいささか違うように思います。

そもそも、大半の大名は〝天下獲り〟をめざしていません。京都への進軍の機会を狙っていたわけでもありません。各国の規模はきわめて小さく、しかも当時は寒冷化が進んでいたので、まずは領国の経営で手一杯という状態でした。

経済全般としては豊かになりつつあったので、手をかけるほど成果が出る時代でもありました。その延長線上で、より多くの富を得る手段の一つとして、隣国とせめぎ合うことはあったでしょう。あるいは最先端の技術や知識を得るため、また都会への憧れもあって、京都を往来することも少なくなかったはずです。しかしそのあたりが限界で、自分が天下統一を果たそうとか、その頂点に立とうという野望を持つ大名はほとんどいなかったと思います。

ほぼ唯一の例外が織田信長で、武力を蓄えて周辺国を次々と屈服させ、いつの間にか大国にのし上がり、「天下布武」を呼号し、さらに大きな戦国大名を次々に亡ぼして、ほとんど天下を斬り従えました。日本の歴史上では空前、突然変異的な人物といってもいいでしょう。

しかし突然変異の出現とは、歴史では必然的な転換ともいいます。変異に見合うような環境・条件が整わなくては、変異は起こりませんし、起こっても永続しませんから、個人の変異は社会の変容・転換を代表したものであり、それが不可逆のプロセスになれば、歴史になります。生物の進化でも同じことがいえるはずです。

信長にとって、南蛮渡来の鉄砲が強力な援軍になったことは周知のとおりです。あるいはキリスト教の伝来によって、いわゆるキリシタン大名も複数現れました。これらは突然の出来事ではなく、やはり以前から続いていた中国、ないし中国との間を中継したヨーロッパとの貿易の成果です。つまり「倭寇的状況」の波及が、信長の登場を促し、日本社会を大きく変えたといえるでしょう。

下剋上と身分制

そしてもう一つ、戦国時代といえば下剋上のイメージが強いです。信長も秀吉も下剋上の最たるものですが、これは日本社会の構造として、もともと起こりやすい環境でしたし、当時それが一挙に噴出していたともいえます。「上」の存在感が希薄となったからです。武士も農民も商人も、当時の職能・身分の違いはさほどありません。まして中国との貿易によって庶民全般が豊かになり、経済的な格差も縮小していました。

もちろん、日本国内だけに着目すれば、身分は厳然として存在します。しかし世界史的な視野・基準で見ると、その差はきわめて小さいのです。たとえば同時期の明朝中国では、やはり民間や地方が急速に成長し、庶民文化が開花しました。その典型が「陽明学」の発展で、知識人ばかりにとどまらない庶民の参画できわだっていますし、そこには「万物一体の仁」という教えが登場します。しかし逆にいえば、これほど「一体」を強調しなければならないほど、社会には身分差や階級差があってバラバラだったということです。

それに対し日本では、織田信長や豊臣秀吉は、むしろ兵農分離を実施し、職業による身分の差別化・明確化を図ります。渾然一体となってしまっている社会をきちんと分業化・序列化して、秩序を生み出そうとしたわけです。

さらに江戸時代になると、幕府は有名な「士農工商」という身分制度を設けました。全員がフラットな社会では、豊臣秀吉のように農民から天下をめざす人物が多数出てきてしまう。それでは政治が安定しないからです。このあたりも、中国とはベクトルがまったく逆でした。

下剋上が簡単に起きたからこそ、領国経営・地方政治は安定したともいえます。戦国時代の領主の中には、出自のよくわからない人物が少なからずいます。それは見方を換えれば、地元で頭角を現したボトムアップ型のリーダーということです。そういう人物だからこそ、地元住民に密着した政治が可能になったわけです。

いずれにせよ、応仁の乱と戦国時代を経て、日本は社会構造を大きく変化させながら江戸時代に入ります。前述の時代区分にしたがえば、ここからようやく「近世」を迎えることになるのです。

第四章

「国家」の成立

【江戸開府〜元禄・享保時代】

江戸時代から「近世」に

日本史では江戸時代を近世と称しまして、あたりまえの呼称・風習になっています。東洋史の学徒からすると、この風習はごく奇妙でして、そこに何の疑問もさしはさまない日本史は、とても不思議に思いますし、その研究に従事する人々に対してもそうでして、大げさにいえば、いささかの不信感すら抱きます。世上の常識・あたりまえを疑うのが学問であるはずだからです。

もともと「近世」と「近代」の漢語的な意味は同じです。おそらく近代化に邁進した明治時代の日本人が、明治維新前の江戸時代を「一番近い過去」として区別するために、あえて近世という言い方をしたのでしょう。そこまではよいのですが、問題はそれからです。「近世」と名づけて一括りにするなら、その括った時代全体に共通する内容がなくてはなりません。

ちなみに、前出の内藤湖南によれば、中国の場合は一〇世紀半ばに始まる宋の時代から「近世」であると指摘しています。「近世」と近代が同じであるとすれば、内藤は宋代から自身が生きた一九世紀末〜二〇世紀前半まで、中国ではずっと同じ時代が続いたと見なしていたことになります。湖南の実感する歴史像としては、そうだったのでしょう。

もっとも二〇世紀を経過した現在、内藤湖南と同じ感覚でよいはずはありませんし、中国史と日本史の違いもあるでしょう。また日本史にかぎっても、西洋近代の影響を強く受けた明治以後は、江戸時代と区別して考えるのが、当時ないし現代日本人の普通の感覚だと思います。

そのため、やはり前出の宮崎市定は、一九世紀後半もしくは二〇世紀以降の中国を「最近世（＝近代）」と見るべきと提唱していました。ヨーロッパからの影響を強く受け、それまでの時代と社会が大きく変化したからです。つまり宮崎は東洋史と日本史の歴史区分について、期せずして同じような見方をしていたわけです。

また西洋史の場合、一四世紀のルネサンス以降はずっと「モダン」として括られてきました。しかし、それでは実態に合わないとして、一八世紀の産業革命・市民革命を境にして、それまでを「アーリー・モダン」、それ以降の産業化・民主化した社会を「モダン」と呼ぶようになりました。この「アーリー・モダン」が「近世」、「モダン」が「近代」に相当すると考えれば、時間的なズレはあるにせよ、西洋史も時代区分という意味では、東洋史・日本史と足並みを揃えた恰好です。

日本の歴史に戻りますと、たしかに江戸時代は、明治以降の時代とも違うし、それ以前の中世と呼ばれる時代とも違います。だからこそ、この時代を「近世」として切り離して概観することは、おおいに意義があると思います。

そして東洋史でも西洋史でも「近世」の時代区分がある以上、それぞれ比較するにも好都合でしょう。実際にそうした世界それぞれの「近世」をどう見るか、学界でもおおいに議論になっているのです。

一七世紀は「危機」の時代だった

まず、ヨーロッパの「近世」について概観してみます。一四世紀にルネサンスがあり、続いて大航海ブームが始まって好景気に沸くのが初期段階。それが一段落すると、今度は内輪揉めが顕在化します。もともと内輪揉めをくり返してきた地域ですが、当時は寒冷化の時代でもあり、少し条件が悪化するだけで生命に危機が及ぶような状況だったため、いわば真剣な生存競争に発展したのです。

その最たる例が一六世紀初頭に始まる「宗教改革」と、それに端を発する一七世紀前半の「三十年戦争」です。生死の瀬戸際の生活を送るなか、ほんとうの信仰を突きつめようとする精神の動きは、よく理解できます。それだけに、正しい信仰というものが新たに生死を賭けた争いの火種になったのは何とも皮肉なことですが、歴史とは往々にしてそういう残酷なものです。後者は全ヨーロッパを巻き込んで、おびただしい犠牲者を出し、ドイツの人口を激減させる凄惨な戦いとなりました。こうした一連の歴史過程は、西洋史では「一七世紀の危機」と呼ばれたほどです。

その危機を乗り越えた後、一八世紀から産業革命が始まり、富強になったヨーロッパは世界を席巻していきます。時代区分でいえばここからが「近代」で、特にイギリスが台頭してヨーロッパ、そして世界の覇権を握りました。

一方、東アジアでも一七世紀に「危機」を迎えていました。一四世紀から続いた明朝政権はすでに弱体化していましたが、一六世紀以降は大航海時代や「北虜南倭」、武力集団による辺境の騒擾、豊臣秀吉による朝鮮出兵、あるいは農村の飢饉や都市部の暴動など、内憂外患のカオス的状況に直面し、さらに衰退の一途をたどります。これらは明朝の悪政も一因ながら、明朝という政権ばかりでなく、当時の体制そのものを打倒しようという運動が噴出した結果だったように思います。

そして一七世紀に入ると、体制の経済的・社会的な矛盾が常態化し、明朝そのものが否定されるに至りました。かくして新しい体制が模索される中で、新たに勃興した清朝政権による統治支配が始まります。

つまり一七世紀の百年は、西洋史でも東洋史でも大きな混乱を経て、そこからようやく抜け出し、一つの方向が見えてくる、という時代でした。それをパラレルな現象と見て共通の「近世」という語彙で名づける見方があるのです。

それに対し、日本列島は一六世紀の戦国時代が終わり、「危機」の一七世紀には、徳川幕府が成立して政治の安定期に入ります。西洋史・東洋史より遅れ、これが日本の「近世」の始まりでした。そう見るなら、日本史もたしかに世界史の一部だということになります。

分業化と開発の時代

前章でも述べましたが、いわゆる戦国大名は誰も彼もが「天下」をめざしていたわけではありません。それよりも、自分の土地をいかに開発するか、どうやって豊かになるかに主眼を置いていました。

そのうえで、開発がある程度進むと、どうしても近隣との競争やそれにともなう紛争が発生します。それを調停するためにリーダーが、また悪化した治安を抑えたりするために防衛隊のような組織が必要になりました。それがやがて各地で同時多発的に肥大化し、領主政権や大名のような形で台頭してきます。そのリーダーには、古来の名族が任じる場合も、外部から実力者を招く場合も、あるいは内部からボトムアップ型で就く場合もありました。要は組織のリーダーの役割が担えればよかったのです。逆に担うことができなければ、どんな出自であろうと不可、ついには排除されましたから、一口に戦国大名といっても、その経歴はきわめて多様だったのです。

その中でも、特に一部の地域からは突出して一大勢力に成長する大名が現れます。経済状況の充実や、周辺国を呑み込む気運、それに土地開発や鉄砲などの技術革新をどれだけ取り入れられるかが勢力拡大の鍵でした。

技術革新は、分業化を促します。従来なら農民が自ら土地を開墾し、農作業をして、なおかつ自衛をするのが当たり前でしたが、それでは頭も手も足らなくなってきます。技術開発者、農民、商人、それに武士といった具合に、それぞれ専従の職業を持つようになってくるのです。

これは当然ながら、社会全体を効率化させます。この変革を組織的に有効に行うことのできた大名ほど、大きくなり得たわけです。それがたとえば、中国地方の毛利氏であり、関東の北条氏であり、東海の今川氏でした。

こうした社会の効率化は、人々が住む空間にも変化をもたらします。従来は、京都のような谷間の盆地が最も便宜な居住地でした。これ以上の高地は斜面のため、低地は湿地のために住めなかったのです。しかし技術開発により、特に低地の広大な沖積平野が農耕地と居住地として利用できるようになります。

そのことを典型的に示しているのが、**図表4-1**に掲げた現在の愛媛県西条《さいじょう》市氷見《ひみ》あたりの事例で、室町時代の中世までは、内陸側の一部が主な農耕地であり、居住地でした。しかし戦国時代末期からの近世以降、海側の沖積平野へ農地・住地を拡大していくのです。これはほぼ全国的に見られた現象で、首都クラスでも同じです。畿内・関西であれば、中世までは京都、近世以降は大坂が栄えます。あるいは関東でいえば、山あいの鎌倉から、平地海浜の江戸へ中心が移るわけです。

これは同時に、都市を誕生させました。従来の日本は、京都だけ中国からコピーした都市で

図表4-1　戦国末期以降の住環境の変化

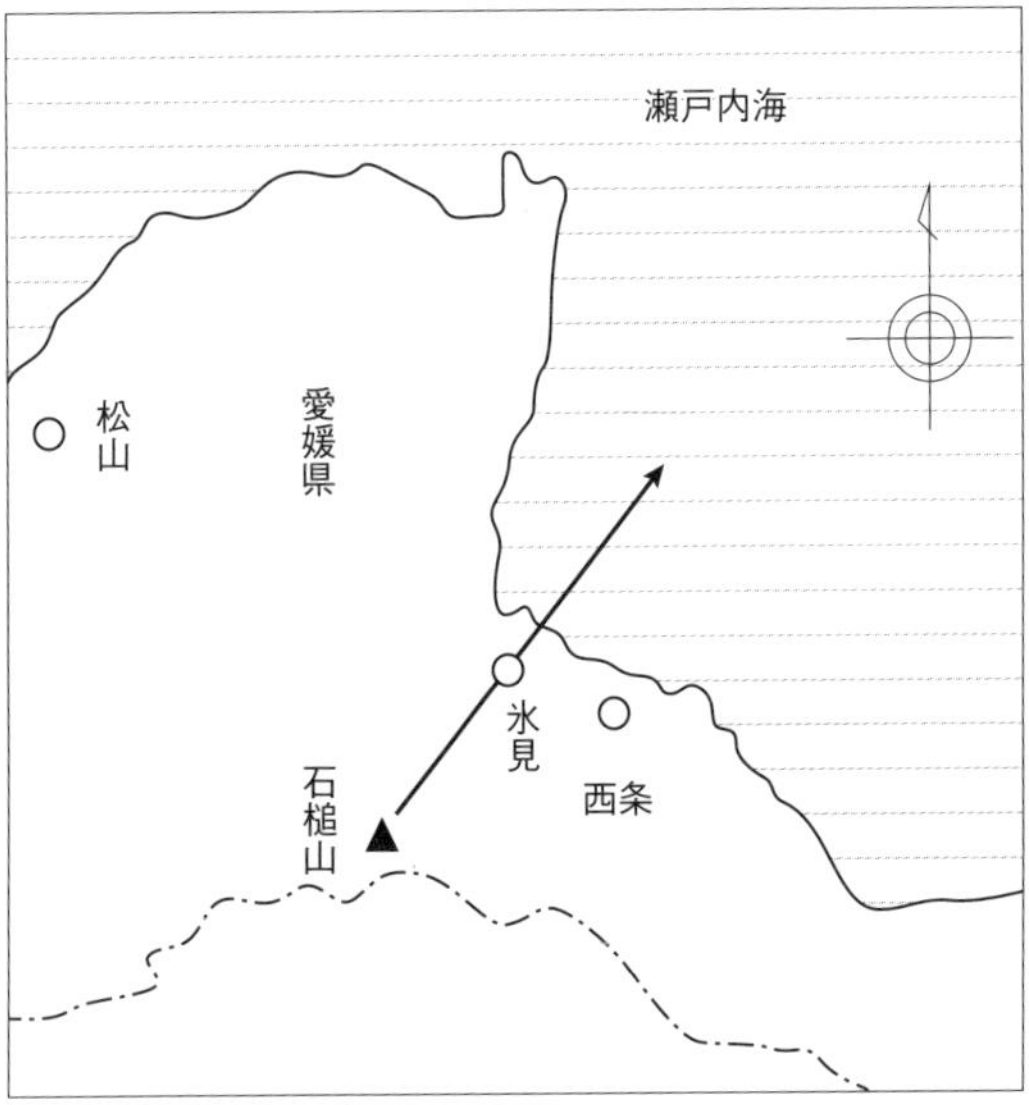

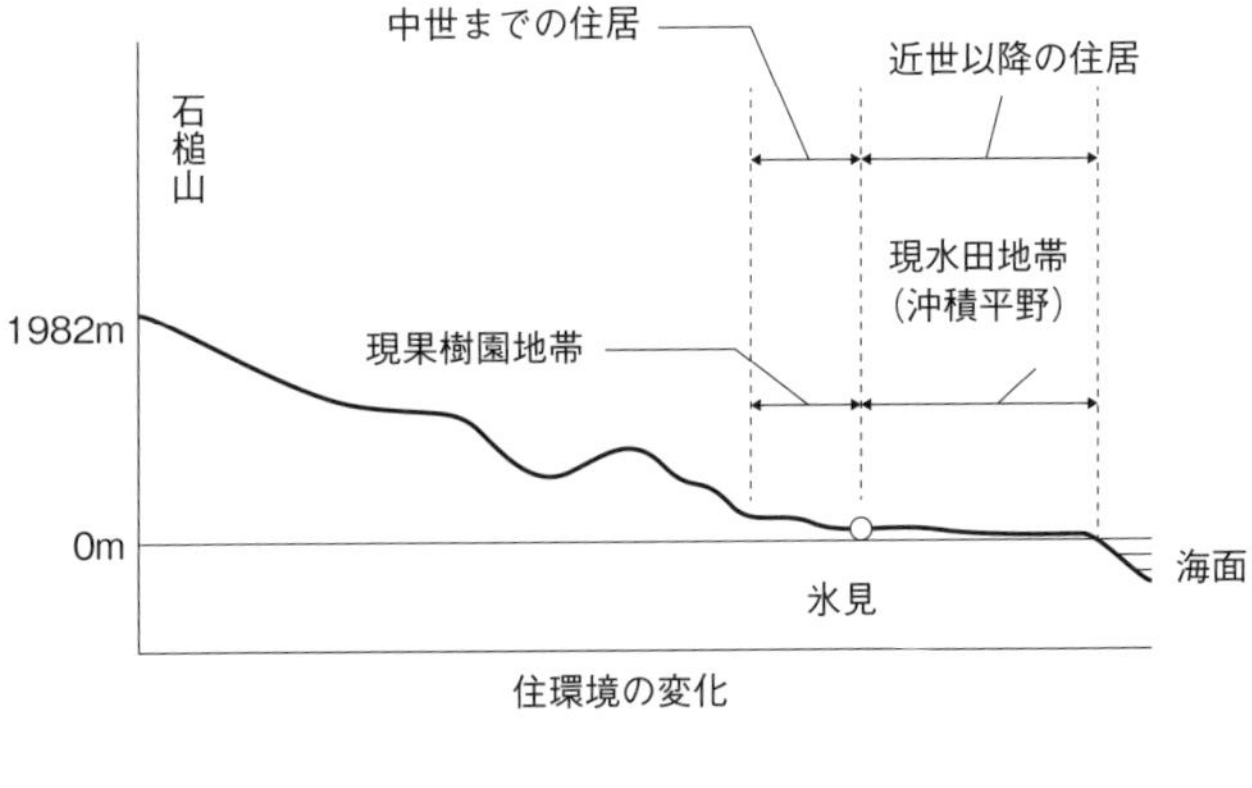

（出所）大石1995。

商工業が存在し、極論すれば、その他の集落はすべてムラ・農村でした。全国的に見れば、職業にもほとんど区別がなく、基本的には一様に農家だったので、特に集住する必要もなかったのです。

都市化と人口の増加

ところが農家は農家、商人は商人、武士は武士といった具合に分かれてくると、それぞれ最適な居住地域に分かれて住むようになります。商人はより大きな集落のほうが有利だし、武士は主君の近くに住むのが務めでしょう。これにより、日本史上で初めて農村とは別に都市（城下町）が形成されるようになったわけです。

とりわけそうした都市化を意識的・組織的に進めたのが、織田信長であり豊臣秀吉で、それを象徴するのが、秀吉の建てた大坂城です。それまでの城は軍事的な要塞であり、ほとんど山城でした。しかし大坂城は都市の中心に建てられた平城です。町づくりやその後の政治を意識していたことは間違いないでしょう。

こういうパターンの都市化は、世界史では他に類例がありません。中国もヨーロッパも、まず壁を巡らせて集住して城郭都市を形成し、それ以外の地域で農業をしたり、定期的にマーケットを開いたりするのが、そもそも一般的でした。日本だけ特殊なのは、やはり階級差がフラ

図表4-2　日中の人口推移

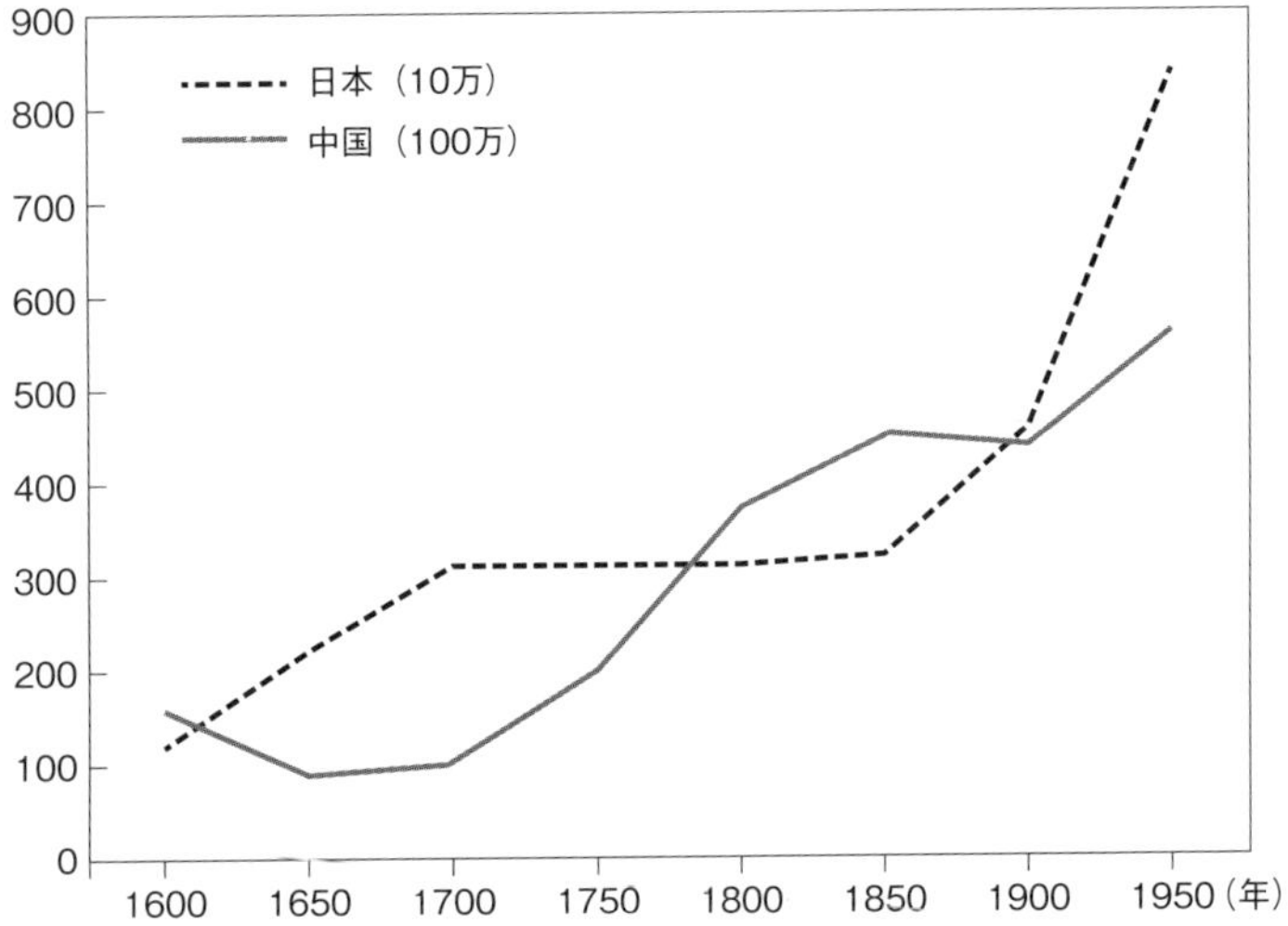

（出所）岡本2019［c］。

ットで、ほぼ全員が同じ農民だったからでしょう。習俗・言語を同じくしない異族の襲来もほとんどありませんので、どんな地域であれ、わざわざ城壁で隔離防御する必要がなかったのです。

それはともかく、織田・豊臣政権の都市化の手法を受け継いで安定化させたのが、徳川幕府でした。おかげで同じ一七世紀に「危機」を迎えていたヨーロッパや中国とは対蹠的に、むしろ開発期・成長期に入ります。

それを端的に物語るのが、人口の推移です（**図表4－2**）。中国の人口は、宋代のころに約一億人に達して以降、ほぼ横ばいで推移し、明朝時代の経済発展に押し上げられるように増加します。ところが一七世紀に入ると、さすがに政治的混乱や不景気の影響を受けて減少に転じ、一億人を割り込むほどでした。

ところが日本の人口は、同じ時期一七世紀の百年で、約一千万人から三千万人へ約三倍も増加しています。人々が山を下りて低地で暮らし、都市を形成し、大きな混乱もなく分業化と経済成長と開発が継続した証左でしょう。

江戸・大坂・京都の「三都」体制

そんな都市・城下町のなかで、とりわけ当時の土木技術の粋を集めて作られたのが、いうまでもなく徳川の本拠・江戸です。海に面し、川の流れを変え、江戸城を中心に渦巻状に区画整理されました。言い換えるなら、江戸はほとんどゼロから建設された人工都市であり、試行錯誤しながら首都機能を追加する形で整備していきます。一八世紀前半ごろまでは、ほとんど政治機能に特化した都市でした（**図表4－3**）。

同時に、統治システムの整備も進められます。有名な「参勤交代」もその一つです。これは徳川幕府が初めて導入したものではなく、秀吉政権の施策を真似たものでした。もともと地方の大名が、京都を往来することで先進の文化や技術を吸収する風潮はありました。秀吉はそれを、自身への拝謁・臣従として制度化します。

幕府はそれを受け継ぎ、各大名に江戸城への参勤を求めるとともに、江戸城下に屋敷を建て

図表4-3　江戸の都市概念図

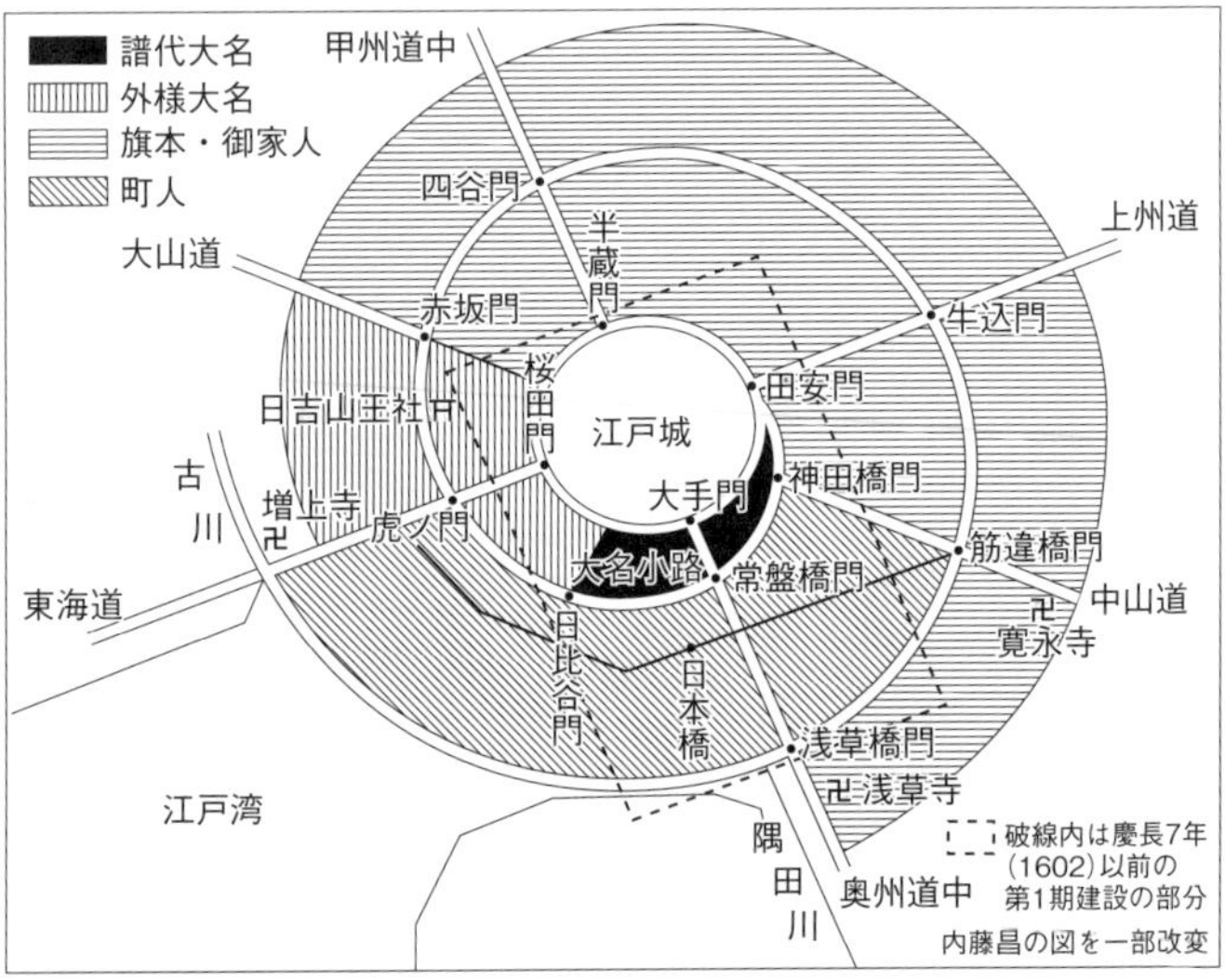

（出所）水本2008。

るための土地を提供しています。これが、江戸と地方の交流において重要な役割を果たすことになりました。

ただし、初期の江戸はあくまでも政治の中心でしかありません。文化や経済の中心はあいかわらず京都や大坂でした。つまり江戸城に加えて、大坂城と二条城も中心的な拠点であり続けたわけです。江戸前期を象徴する元禄文化が京都・大坂の上方を中心に栄えたのは、当然といえるでしょう。

おそらく幕府の主観としては、発足と同時に政治のみならず、経済も文化も江戸に中心を移したかったはずです。しかし、それはさすがに無理とわかったので、京都・大坂をそのままにしつつ、遠隔的にコントロールする手法を模索したのだと思います。

言い換えるなら、江戸時代の約二百七十年は、江戸が京都・大坂から経済的・文化的な実りを摂取する時間だったとも捉えられます。名実ともに日本の首都として本格的な風格を備えるのは、「東京」と名称が変わった明治以降ではないでしょうか。

いずれにせよ、江戸時代の日本は江戸と上方の二元体制、もしくは江戸と京都・大坂の三都体制で出発しました。個々人による社会の分業化が、国家・政権にまで波及したといえるかもしれません。

この体制は、地方にも影響を及ぼします。三都間での往来が多くなる中で、その中継点として栄えたわけです。それぞれの地方で初めて低地に城が築かれ、その周辺に城下町が作られました。

先にも述べましたが、室町時代まで、日本に都市はほとんど存在していません。江戸時代に入り、城下町というスタイルが定着することにより、ようやく全国各所に都市が生まれたのです。それが、今日の多くの都市の原型になっています。

都市と農村

前出の内藤湖南は、日本の歴史について「応仁の乱以前のことは考える必要がない」と述べています。都市に象徴されるように、今日につながるものがほとんどないからです。その意味で、内藤の指摘は正鵠《せいこく》を射ていると思います。室町時代までの日本は、今とは違う国だったといえるかもしれません。

村のあり方も変わりました。町とは完全に区別され、ひたすら農業生産に純化するようになります。かつて農民は武装化して地侍としての役割も担っていましたが、先に述べたとおり職業の分化が進み、秀吉時代の刀狩りによって決定的に分離しました。農民を続けるか、武士になるかのいずれかに分けられたのです。

一方で、もともとある村のコミュニティは残りました。そこにはかならず名主や庄屋のようなリーダーがいて村掟《むらおきて》が存在します。その地域一帯を支配する領主としては、村全体を抱え込む必要があるため、コミュニティを活かして運営をリーダーに任せるのが常でした。つまり各村々で自治がある程度成り立っていました。竹越与三郎のように、名主・庄屋をイギリスのジェントリになぞらえる向きもあったのです。

ただし、領主から独立していたともいえません。領主は、その村にどういう村人がいて、どれだけの収穫があるかを把握しておく必要がありました。これを「村高《むらだか》」といいます。それを踏まえ、「村請《むらうけ》」という制度によって村単位で年貢を取り立てるわけですが、逆にいえば年貢さえ納めてもらえれば問題なし。だから村内の年貢の割り振りなど、より細かな部分の運営は任せていたのです。

だいたい領主も地侍から転身したパターンが多いので、村の事情には精通しています。したがって法度《はっと》を出して何らかの規制をするにしても、的外れにはなりにくかった。むしろ村掟に合わせ、相互補完的に機能させていたと思います。

あるいは町の住人と村人にしても、合理性や効率化を考えて分化しただけで、根は同じです。したがってお互いにわかり合えるし、相互依存にもなりやすい。江戸時代の社会は、こういう前提で成り立っていました。

だから戦国時代とは違い、戦争や内乱を未然に防ぐことができました。幕府は、その平和な地盤を制度化することで、安定的な政権運営を可能にしたのです。

日本人の創出

ところで、江戸時代というと鎖国をしていたというイメージが強いかもしれません。しかし実際に国を閉ざしていたわけではなく、むしろ「鎖国」と呼ぶべきではないとする専門家も少なくありません。

たしかに秀吉の時代からキリシタンを弾圧したことは間違いありません。前章でも述べましたが、キリスト教の伝来以来、西洋の技術や文化を吸収するため、特に九州で自らキリシタンに改宗する大名まで現れました。しかし秀吉はその風潮にストップをかけたのです。

徳川幕府もその路線を継承し、キリスト教を禁教とします。特に一六三七年に起きた島原の乱をきっかけとして、キリシタンへの弾圧はより徹底されました。「宗門改」と呼ばれる一種の戸籍制度を導入し、キリシタンではないことを証明できて初めて、地元社会に帰属できる、日本社会の一員であると認めるような、極端なナショナライズを始めました。日本と非日本を「宗門改」で明確に区別していったのです。

それは同時に、幕府にとって民衆の動向を把握する手段にもなりました。安定的な社会を保つ一助になったことは間違いないでしょう。これは日本の政権としては史上初めてのことですが、西洋社会では古くから行われていました。権力と民間信仰・宗教組織の結びつきが、支配体制を固める必須条件だったのです。

対蹠的なのが中国で、権力と結びついた民間信仰・宗教組織を持たなかったため、歴史上、政権が一般庶民と基層社会を直接・有効に把握できた時代はほとんどありません。その状態は今日も続き、日中の大きな違いの一つになっていますが、その分岐点は江戸時代初期にあったといえます。

幕府に「鎖国」の意図はなかった

ただし、海外との交流まで排除したわけではありません。当時の日本にとって、開発や経済発展を続けるには、中国や東アジア、あるいは南蛮紅毛との交易や技術移転が不可欠でした。そこで相手国をオランダと中国に絞り、港も長崎に限りますが、交易は続けます。ちなみに長崎といえばオランダ商館が並ぶ扇形の「出島」が有名ですが、その隣には中国向けの長方形の出島である「唐人屋敷」も存在しました。

朝鮮王朝や琉球王国など、その他の国とも関係は続いていました。その外交姿勢を、歴史学では「日本型華夷」と呼んでいます。「華夷」とはいわゆる中華思想、あるいは華夷秩序のことで、自分たちこそ世界の中心であり、周辺国より優れているとする考え方です。徳川日本の対外意識や対外関係は、必ずしも東アジア・東洋史学でいうところの「華夷」ではありえないのですが、当時はモデルとなる国が中国しか存在せず、言語としても漢字・漢語しか使えず、史料上もそのように譬喩《ひゆ》してきたため、便宜的にこう表現されるようになったのでしょう。

具体的には、長崎におけるオランダ・中国との交易の他に、大きく三つの窓口がありました。一つは、朝鮮から訪れる「通信使」。江戸幕府はこれを、中国へ周辺国から訪れる朝貢使のように見立て、朝鮮から貢ぎ物を献上に訪れる使節として迎えました。しかし朝鮮側にそのような意識はまったくなく、むしろ日本側の要望に応じ、儒教の礼制にのっとって訪問するという感覚でした。特に恒常的な交渉役・仲介役となった対馬藩は、かねてより朝鮮と経済的に不可欠な交易を続けていましたので、頭を下げて関係を保つような立場でした。朝鮮側は、それを幕府ないし日本全体の立場と解していたようです。実際に韓国はいまでも、対馬は自国に属してしかるべきだとみなす向きが多いと思います。

二つ目は南方、琉球が幕府の代替わりの際に派遣した「慶賀使」です。もともと琉球は薩摩藩が武力的に支配下に置いていて、幕府もそう見なしていました。しかし琉球は中国への朝貢国でもあったため、幕府はその関係を中国に「隠蔽」します。また琉球も、薩摩藩に支配されながらも中国を背景にして自立性を保つという、微妙な立ち位置を形成していました。そして三つ目が北方、松前藩とアイヌの交易です。

いずれにせよ、江戸時代の日本は「国家」を明確に意識しながら、限定的かつ不安定とはいえ、海外との関係を確立し、交渉・交流も続けていたわけです。

長期経済成長期の終焉

一七世紀の幕府は、内政・経済政策においてもある程度の成功を収めます。統治体制を整え、大開発と経済成長を経て、戦乱の時代から平和の時代へ、武断政治から文治政治へと軌道修正を図ることができました。武力に頼らず、低コストで秩序を維持できるようになったことが最大の成果でしょう。

しかし一七世紀末の元禄時代、五代将軍綱吉の治世あたりから、体制の見直しを迫られるようになります。「側用人」という将軍側近の重要ポストが新設されたのは、その対応のためだ

図表4-4　江戸時代の米価の変動（石あたり銀匁）

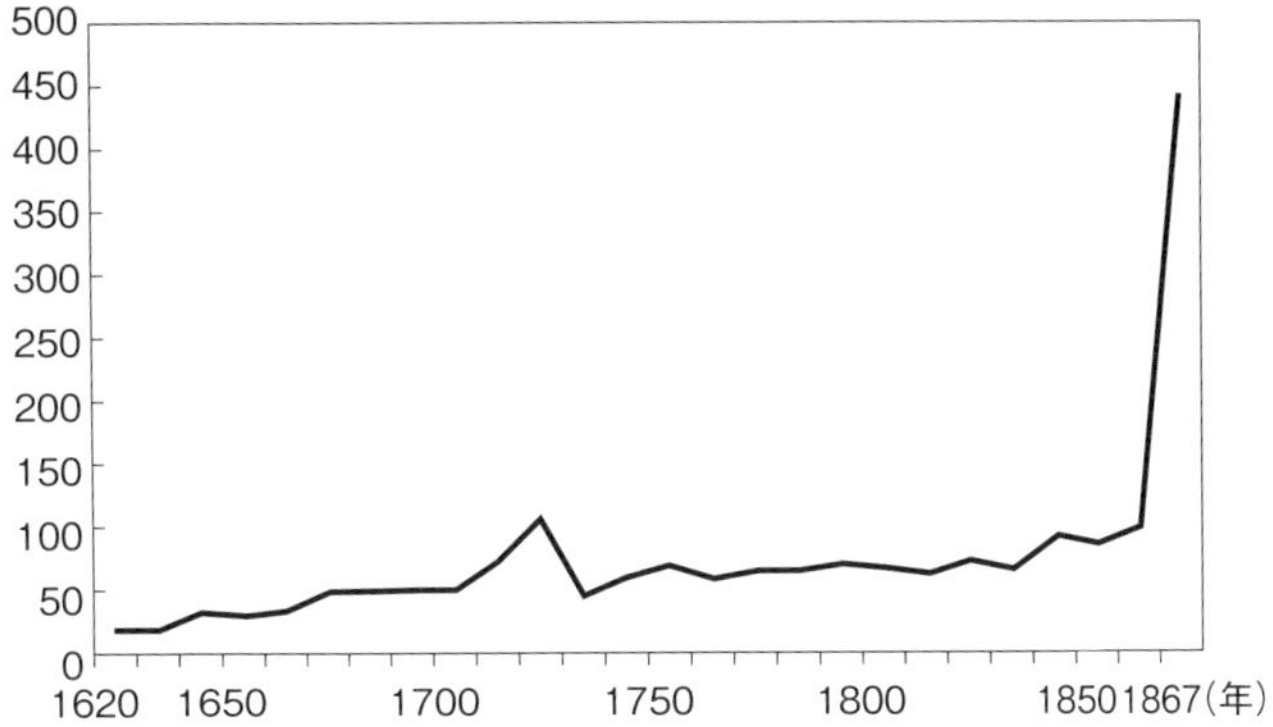

（注）1700年までは広島、1701年以降は大坂、1860年までは10ヵ年平均、1860-67年は7ヵ年平均、ただし1866年は約1,327匁まで騰貴。
（出所）岡本2019［c］。

ったと思われます。

時代の転換を端的に表すのが、物価動向です。米価で見ると、一七世紀中は緩やかなインフレ基調が続き、一八世紀に入ったところでさらに上昇します（図表4－4）。これを「元禄バブル」と称する専門家もいます。その度合いは所説あるようですが、ともかくインフレ好況の持続はまちがいありません。

これには理由があります。五代将軍綱吉の時代、側用人の柳沢吉保に登用された勘定奉行・荻原重秀は、破綻に瀕する幕府財政の打開策として、元禄小判の増鋳策を断行しました。つまり通貨の価値を落としつつ供給量を増やしたわけで、世の中がインフレに向かうのは当然のことでしょう。

荻原としては、当時唯一の〝お手本〟だった中国の先例・歴史から学ぼうとしたのだと思います。明朝ないし同時代の清朝は貨幣管理をいっさい行いませんでした。しかしその前の宋の時代は、宋銭のみならず世界に先駆けて紙幣も発行しています。つまり金属そのものに価値を持たせた貨幣から、発行者の信用を前提に、刻印または印刷した額面で価値を表した通貨への転換を図っていましたから、そのメカニズムを研究していたのでしょう。「通貨は政府がつくるもので、瓦礫で代用しても通用するものだ」といって、紙幣の例も比較に持ちだしています。それが可能になれば、政権にとって通貨流通のコントロールが容易になります。

そうした通貨管理を初めて日本に導入しようとしたのが、荻原でした。ところが幕府官僚の中で、それを理解できた者は誰もいません。通貨供給量の増大によってインフレが進行すると、たちまち荻原に対する批判が沸き起こります。

その急先鋒が、六代将軍家宣の侍講で朱子学者だった新井白石でした。彼は荻原が作らせた改鋳小判を回収し、元の価値の小判を流通させます。これによって通貨の価値は急騰し、一八世紀前半の経済は一気にインフレからデフレへ向かいました。

その白石を罷免したのが八代将軍吉宗ですが、やはりデフレとの戦いを強いられます。ようやく物価が安定し始めたのは、一八世紀後半、田沼意次が実権を握った時代からでした。

金銀の枯渇から「鎖国」状態へ

いずれにせよ大きなポイントは、戦国時代から大開発によって一本調子で右肩上がりを続けてきた経済が、一八世紀に入って変調を来したということです。これを機に、日本の歴史は新たなサイクルに入ります。ここから幕末の時期まで、幕府はその対応に追われることになるのです。

またこの時期、そうした変調をもたらした要因の一つに、貿易が大きな転機を迎えていたことがあります。

海外から輸入を続けるには、当然ながら対価が必要です。一六〜一七世紀中は、主に列島から採掘した金銀のような貴金属が、ほぼ唯一の輸出品でした。それを元手として、中国からかつては銅銭、しだいに生糸や綿花を買うようになります。それだけ日本が豊かになり、ファッションへの関心が高まったということです。

ところが、一七世紀末ごろから貴金属が枯渇し始めます。輸出品は金銀から銅へ、そして海産物へと、いわば劣化していきました。それにともない、輸入品の質量ともに落ち込んでいきます。

さらに直接的な転機になったのが、新井白石の発案によって一七一五年に施行された「海舶《かいはく》互市新例《ごししんれい》」という法律です。貴金属の流出と密貿易を防ぐため、貿易量の制限と管理を徹底しました。同時に、生糸など従来の輸入品の国産化にも力を入れます。

これにより、日本は貿易も交流もごく乏しい、実質的な鎖国状態に向かっていったのです。つまり幕府は最初から鎖国をめざしたのではなく、経済的な理由により、「鎖国」せざるを得なくなったわけです。

その影響は、日本国内にとどまりません。輸出国だった中国も打撃を受け、大不況に陥っていきます。すでに一七世紀半ばの時点で明朝は崩壊し、政権は清朝に代わっていました。しかしそのプロセスで長期の内戦が発生し、国内は疲弊しきっていました。そこに日本との貿易減少が追い打ちをかける形となり、きわめて厳しい「危機」の時代を迎えました。中国がそうした苦境を脱するのは、一七世紀末に平和を回復し、新たな貿易相手を見つけてからのことです。

「国家」意識と東アジア秩序のズレ

江戸時代は、その後の日本外交のあり方を予見させるような時代でもありました。その点、先に徳川幕府の対外関係を「日本型華夷」と紹介しつつ、とても東アジアの「華夷」秩序になぞらえて考えられないと述べたこととも関わります。

先に述べたとおり、幕府は対馬藩を介して朝鮮半島との交流も続けます。ただしそれは、互いに誤解を抱かせるような非対称な関係でした。それを象徴するのが、「日本国王」のあり方です。

日本に、地位・国王という立場は存在しません。しかし中国を中心とする東アジアの秩序体系の中では、ある地域のトップという意味での国王が不可欠です。特に朝鮮半島のトップは「朝鮮国王」なので、日本のカウンターパートも「日本国王」でなければバランスが悪いのです。

そこで以前から朝鮮半島と交流のあった対馬藩は、ずっと使節を「日本国王」名義に偽って送っていました。やがて幕藩体制に組み込まれ、幕府と朝鮮の仲介役となると、今度は幕府から朝鮮へ渡す文書に「日本国王」と勝手に書き加えるようになります。偽の使節を送り続けた行きがかり上、偽の国書を送らざるを得なくなったわけです。

しかし一六三一年、対馬藩の家臣がこの事実を幕府に告発。時の将軍家光は家臣のほうを咎め、対馬藩には国書偽造を指弾しながらも、従来どおり朝鮮との仲介役を任せました。日朝関係を安定的に保つには、対馬藩が歴史的に蓄積した交渉の組織とノウハウがどうしても欠かせなかったからです。

ただし将軍の肩書については、その後も揺れ動きます。この一件以降、幕府は将軍について「日本国大君」という肩書を使いました。しかし六代将軍家宣の時代、漢籍に造詣が深い儒学者・新井白石が朝鮮との関係を改革しようとして、この称号も一時的に「日本国王」に戻しますが、浸透永続しませんでした。

日本人的な感覚では「国王」の称号に馴染みがないし、トップといえば将軍ではなく天皇というイメージが強かったからでしょう。結局、八代将軍吉宗が「日本国大君」にふたたび戻し、幕末まで使われることになるのです。

ポイントは、この呼称問題が国内ではなく、外交関係によって生じたということです。最初は対馬藩が朝鮮にいわば〝忖度《そんたく》〟して、「日本国王」の称号を使った。それが露顕すると、今度は「日本国大君」という肩書を編み出しました。

「大君」は日本語としては「国王」より上という解釈ですが、朝鮮の漢語で「君」は「王」より下という位置づけになります。つまり、当時の日朝関係は表向き、総体的には対等に見えるのですが、内情は違いました。幕府は朝鮮を格下と見ていましたが、朝鮮もまた日本・幕府を見下していたのです。お互いにそれに気づかないような装置が組み込まれていました。東洋史学・朝鮮史の世界で隣国と交わることを「交隣《こうりん》」といいますが、日朝におけるそれは、単なる対等な隣国関係ではなく、かなり複雑な構造を有しており、いっそう研究の必要があるでしょう。

あるいは琉球との関係も、ある種の欺瞞が前提でした。琉球はれっきとした中国の朝貢国でしたが、その内政には日本が食い込んでいました。ふつうに考えれば、そこで日中バッティングするところですが、そうはなりません。

日本側の指示により、琉球は中国との関係を続けるとともに、日本との結びつきを中国に「隠蔽」していたからです。つまり日中は程度の差こそあれ、それぞれ相手の日琉関係・清琉関係に関知しない状態が続くとともに、琉球自身はその間で、一種の自治権を確保できました。

つまり朝鮮にせよ、琉球にせよ、日本との関係が東アジアの秩序体系に収まるためには、何かブラックボックス的なものが必要だったということです。端的にいえば、日本の体制は東アジアとソリが合わなかった。その発端は、ちょうど先述したキリスト教を禁教にする過程で日本的なものと非日本的なものを明確に区分した時期と重なります。つまり「国家」を意識するようになるほど、東アジアと疎遠になっていきました。そうした関係性はどうやら、今日にも続いているのかもしれません。

第五章

「凝集」する日本

【享保時代〜開国前夜】

享保の改革は「中国離れ」

前章では、一七世紀の日本が「国家」を意識し始めるプロセスを概観しました。ヨーロッパやアジアと政治的・経済的に関わりながらも、しだいにアジア史から離れて独自路線を歩むようになります。それは、今日の日本の原点でもありました。

さらに一八世紀に入ると、物心両面でいっそう中国と距離を置くようになります。

まず「物」については、貿易の減少です。

一七世紀半ばごろまで、日中間にはまだ強固な貿易関係がありました。ところが日本の金銀の枯渇により、必然的に先細ります。それは同時に、生糸や綿花・お茶など、それまで中国からの輸入に頼っていたものを国内生産に転化する、いわゆる輸入代替の転機ともなりました。

前章でも述べましたが、一七世紀末は長く続いた大開発と景気拡大が飽和状態を迎え、経済が下降線をたどる時期でもありました。一八世紀は、その大きな構造変化への対応を迫られることになります。

一方、「心」については、漢字文化離れと儒教文化離れがあります。

三代将軍家光から五代将軍綱吉あたりまでの百年弱の間に、幕府は文治政治を志向します。そうした動きは、この時代に建てられた湯島聖堂が象徴するように、儒教・儒学への強いリスペクトが土台になっていました。それにともない、漢籍も中国から大量に流入し続けます。ところが一八世紀に入ると、その流れが変わります。急先鋒となったのが、八代将軍の吉宗でした。「享保の改革」はあまりにも有名で、どんな教科書にも載っていますし、よく知られた内容とも思います。ですが、中国・儒学に着眼してこの改革という流れを考えると、そこにまた違う意義が見出せるのかもしれません。

文治政治・武断政治と中国

文治政治は以前の武断政治と対になる言葉で、儒教に基づいた徳治主義の法制や政治手法を指します。では儒教・徳治の本家・中国の政治が現実に優れていたかといえば、けっしてそんなことはありません。

その概略を簡単に説明すれば、伝統的に官民が乖離しています。中央・地方に官僚はいますが、いわば机上の空論をくり広げるばかりで、何ら実地の実践をともないません。

庶民に対してはほぼ放置した状態です。地方行政は現場にいる「親民官《しんみんかん》」「牧民官《ぼくみんかん》」と呼ばれる官僚が担いますが、彼らの主な仕事は徴税や治安維持・刑罰だけ。民間人と接することも少なかったのです。

日本史では「民治」といった表現があたりまえのように聞かれます。実態はともかく、役人が「民」のことを考えて、生活にまで及ぶ公共サービスを提供するイメージがあります。やはり「民」目線・「民」本位のボトムアップなのです。

一方、中国にこの言葉はないも同然です。なくはないのですが、同時代にほぼ使われません。その代わりにあるのが「吏治《りち》」ですが、これを一言で表現説明できる適切な日本語訳はないのが現状です。「吏」を冠する字面からわかるようにあくまで官「吏」本位、上から目線になっていることが、日本と大きく異なっています。語句の意味は、地方現地・実地の行政・治績というくらいですが、その内容は「親民官」の行政などを指していますので、徴税と刑罰しかありません。とても日本的な感覚で「治」と呼べる仕事をしていたとはいえないのです。

綱吉や新井白石がそういう政治をめざしたとは考えられません。むしろ戦争・軍政は終わったので、学問・道徳・文化を基軸に統治をすすめようとしたのでしょう。ただ学問・道徳といえば、当時はほぼ儒学のみでしたので、その理想を庶民まで広く行き渡らせようと図ったことには間違いありません。それで文治政治といえば、儒教・中国となってしまうのです。

ところが武人肌の吉宗には、それが理解できなかった。とかく虚喝文飾《きょかつぶんしょく》に流れる儒教が気に入らず、家康時代への回帰、つまり武断政治を復活させようとしました。それは同時に、国政が中国モデルに傾くことを警戒し、中国に背を向け、戦国時代以来の土着化への道を志向することも意味します。

前に述べたとおり、武士は農民から職業的に分離しただけで、土地に密着している点は変わりません。その中から戦国大名が台頭し、さらにその中から結果的に、徳川家康が覇権を握るに至りました。その当時のように、幕府と大名とそれぞれの民が一体化する政権づくりをめざしたのです。このような江戸社会の全般的な動向を「脱亜」と表現する向きさえあります。吉宗の性向・政策はたしかに、そうした社会動向に即応していたと見ることもできるでしょう。

ちなみに当時、同じく中国の影響を強く受けていた朝鮮半島の場合、〝中国離れ〟の傾向は見られません。明代からずっと朱子学一色です。それもほとんど純化して、儒教の他の学派を認めないほどです。したがって日中で盛んになった儒学の考証学も浸透していません。ましてや日本・吉宗のような武断政治など、思いもよらなかったでしょう。

では中国ベッタリかといえば、そうでもない。実は明朝から清朝に代わったとき、朝鮮半島にとって中国は見下す存在に変わりました。中国が〝野蛮人〟である満洲人の清朝に支配されるような国に落ちぶれたからです。むしろ純粋な朱子学を継承する自分たちこそ、真の〝中華〟であるとさえ考えます。

ただし国力に圧倒的な差があるため、反抗するような姿勢はいっさい見せません。あくまでもポーズとしては、中国にしたがい続けるわけです。それに使節の往来をくり返すうちに、清朝からも学ぶべき点はあると考えるようになった為政者や有識者もいたようです。

いずれにせよ一七〜一八世紀の中国、日本、朝鮮半島は、一見すると平和で同胞のようですが、実はまったく同床異夢・呉越同舟だったわけです。

「デフレ脱却」ならず

吉宗が「享保の改革」でまず行ったのは、「公事方御定書」という法制整備と全国各地の実地調査でした。かれが文治政治を嫌ったのは、繁文縟礼《はんぶんじょくれい》・文飾に流れるからです。文飾は虚飾につながり、実体から遊離した政治になりがちです。文治を排する中で、儒学・道徳にむしろ対立する法律を重視し、実態に即した法規制による統治を施行しました。調査と法治、これが一連の改革の根幹になります。

その上で、もっとも注目すべきは経済政策ですが、具体的には財政再建とデフレ脱却でしょう。このうち財政再建については、徹底した支出削減と米の生産量増加による年貢の増加という、きわめて原始的な手法で挑みました。これにより、幕府財政そのものは好転したかもしれません。

しかし、デフレ脱却については難航します。前章で述べたとおり、これまでの経済成長と大開発にともなって米の生産量は増える一方、元禄時代あたりから金銀が枯渇し始めたため、通貨の流通量は減って経済はデフレに陥ります。勘定奉行の荻原重秀はそれに対処すべく、金銀の含有量を減らした貨幣に改鋳して流通量を増やそうと試みますが、続いて登場した新井白石がその政策を否定し、貨幣の価値を元に戻しました。これによってデフレが進行したわけです。

そのあと登場した吉宗も、とりあえず通貨政策を棚上げし、ひたすら新田開発と米の増産に邁進します。その一方で倹約ということで、政府支出が抑えられました。そのため、デフレ状況は変わりませんでした。吉宗は「米将軍」とも呼ばれますが、それはけっして尊称ではなく、むしろ米の増産しか経済政策を打ち出せず、米価の下落に有効な手を打てなかったことを揶揄《やゆ》する汚名と考えるべきでしょう。

国内産業の構造変化

白石の時代あたりから、国内経済自体が構造変化を起こします。金銀の枯渇によって中国との貿易が減り、輸入品が不足すると、それを国内の各地で生産するようになるのです。

その先鞭をつけたのがお茶です。国内で栽培はされていましたが、多くの日本人にとって贅沢品でした。しかしこのころ広く流通し、誰もが飲むようになっていました。その輸入が途絶えるとなれば、国内で生産するしかありません。そこで抹茶・煎茶の製法を習得し、まず京都の宇治で本格的な生産が始まり、それだけでは需要を賄い切れなくなって駿河などでも生産されることになったのです。

絹・生糸も同様、輸入品の代替として、信州や上州などで生産されるようになります。砂糖も琉球や奄美群島などで生産が進み、これらを支配下に置く薩摩藩の特産品になりました。あるいは他の諸藩も、地域経済の発展を賭け、こぞって環境に合った特産品の発見と生産に努めます。

こうした輸入代替により、地域ごとに産業の分業化が進展しました。地域間分業は中国では二〜三世紀前の明朝の時代に起きた現象でしたが、日本も遅ればせながら同じ経路をたどり始めたのです。

逆にいえば、国産化できるなら輸入の必要もなくなります。金銀の枯渇とも相まって、必然的に「鎖国」化していくことになります。これも中国からの脱却、つまり「脱亜」の一環でしょう。

そしてもう一つ、物価低落に苦しみ抜いた吉宗は、後年になって通貨政策にも手を付けます。あらためて荻原重秀の路線に舵を切り、貨幣の価値を落として流通量を増やし、物価の安定を図りました。

ただこれは吉宗のアイデアではなく、「大岡越前」こと町奉行の大岡忠相《ただすけ》が断行した政策とされています。この路線は次の権力者である田沼意次に受け継がれ、より本格化することになります。

田沼意次の貨幣政策はなぜ成功したのか

吉宗は「幕府中興の祖」と呼ばれるとおり、政策の大転換をはかりました。ただし、前の時代を引きずったまま脱却できなかった部分もあり、とりわけデフレの経済景況がそうでした。一連の改革は必ずしもすべてがうまくいったわけではありません。

その成功と失敗を目の当たりにしていたのが、吉宗の継嗣・家重の小姓から側用人になり、最終的に幕府老中まで昇りつめた田沼意次です。いわゆる田沼時代の政策方針を端的にいえば、とにかく幕府主導で商業を振興し、その上前をはねて財政を潤すという、吉宗時代の農地開発・米増産とはあくまで一線を画するものでした。

そこで欠かせないのが貨幣政策です。田沼は、荻原の「元禄小判」と並び称される「南鐐《なんりょう》二朱銀」という通貨を新たに発行します。文字どおり銀貨ですが、そこには「南鐐八片を以て小判一両に換える」と記されています。この銀貨八枚で金の小判一両の価値があるという意味です。常識的に素材価値から考えて、これは金の価値がきわめて低く抑えられている、もしくは銀の価値が高く設定されていることになります。

言い換えるなら、荻原の狙いと同様、貨幣に使う金属そのものの素材価値に由来する貨幣から、刻印または印刷した額面で価値を表した通貨への転換を意味します。極論すれば、金の小判一両と、「一両」と記した紙幣でも交換は可能ということです。

その場合、欠かせないのが通貨の発行主体の信用でしょう。今日の中央銀行と同様、一両の価値のない金属または紙片を「一両」と保証するのが幕府の役割であり、人々が幕府を信用することが前提になります。

この政策は、おおむね成功します。人々が幕府に寄せる信用は、それなりに高かったのでしょう。これにより、幕府は通貨政策によって経済をコントロールする体制を整えました。

また安い素材で高価な貨幣を鋳造すれば、そこに差益が生まれます。それも財政収入の一部になりました。あるいは幕府のみならず、各藩がいわば〝地域通貨〟として独自に発行する藩札も相応に流通しました。これも幕府の通貨体系にリンクしていたことはいうまでもありません。

田沼政権の位相

いずれにせよ、こうして政府権力が民間市場から信用を得ていたため、通貨の価値は金銭であれ銀銭であれ全国的に安定していました。これは日本人の感覚ではあたりまえに思えるかもしれませんが、中国では考えられません。

当時の中国は清朝の最盛期である乾隆帝の時代で、高額な貨幣は銀でしたが、これは地金で、まったく素材価値でしか通用していません。民間のローカルな範囲で流通するのは主として銅銭で、それが経済の活性化で絶えず不足しがちでした。銅銭を広く流通させるため、清朝政府は銅山開発に注力し、また日本からも銅を大量に買っていました。

ところが、清朝政府が行ったのは銅銭を造ってバラ撒くことだけでした。その価値を統制せず、民間の勝手に任せていたのです。したがって、同じ銅銭でも地域によって価値が違うことは茶飯事でした。これだけでも同時代の日中の間で、経済の構造と政府の役割がかけ離れて違っていたことがわかります。

ではなぜ、幕府は通貨の価値を全国的に安定させることができたのか。これには大きく二つの事情があります。

一つは、鎖国状態になって閉鎖的な経済が実現したこと。これにより、海外の経済変動の影響を受けなくなりました。あるいは、対外的な変数を考慮する必要がなく、管理が容易になったという言い方もできます。

もう一つは、日本全国の流通網が確立されたこと。前代からの特産品開発が進んで地域間の往来が盛んになったことや、幕府が商業資本の拡充を図ったことが主な要因です。

いずれにせよ、国内限定で民間市場と政府の経済政策が非常に嚙み合ったことが、田沼時代の経済の傾向だったわけです。日本独自の経済システムを作り上げたということでもあります。田沼といえば汚職・腐敗の権化のように語られることもありますが、それだけ政治と経済が密接な関係だったということでしょう。

古今東西、経済に手を出す政府はたいていい腐敗します。制度と人間の欲情との問題で、システムを作って運用するのは人間ですから、史上に例外はほぼないと思います。ただしまったく逆に、政治と経済が離れすぎた場合も、別種の腐敗が発生します。中国がその典型でして、しかもその弊害は、日本の比ではありません。

同じ人間がやることなので、目的・結果はこのように一脈通じてはいますが、そこへ至るしくみは異なっていましたから、同じ「腐敗」という語で括るべきかは、難しいところかもしれません。

松平定信による思想統制

ひと昔前の日本史の教科書では、吉宗が享保の改革を断行した幕府中興の祖であるのに対し、田沼は賄賂にまみれた悪徳政治家であり、それを寛政の改革で糺したのが吉宗の孫の松平定信だった、と説明されていたと思います。

しかし、話はそう単純ではありませんし、いまはおそらく誰も認めていない歴史像だと思います。ここまで見てきたように、むしろ吉宗のめざした政治を発展させたのが田沼で、要は民間の活力を使って経済と財政を立て直すという方向でした。

その一種の反動として一八世紀末に登場したのが、松平定信です。おそらく田沼とは個人的にソリが合わず、権力争いの側面もあったのでしょう。老中に就任すると、すでに失脚していた田沼の一派を幕閣から一掃しました。そこから今度は開明的な田沼政治に対し、反動的で時代錯誤な定信という所説も出ます。たしかにその側面もないわけではありませんが、しかし政治の枠組みや肝心の経済政策については、基本的に田沼時代を継承していたというのが最近の定説です。

これまでの方針を大きく反転させたのは、思想統制です。「寛政異学の禁」を出し、朱子学以外の学問を禁じました。主なターゲットとなったのが蘭学（洋学）です。

上で述べたとおり、かつて吉宗は文治政治を排し、いわば脱中国をめざして、儒教と漢語の抑制を図りました。代わって台頭したのが蘭学全般で、特に田沼時代にはたいへんな隆盛を誇ります。

これは吉宗の政策が効き過ぎた面もありますが、そもそも日本人には漢学より蘭学のほうが性に合っていたということも大きかったと思います。概して漢学・漢籍は理屈ばかりで、その割に現実に即していない。文飾といったゆえんです。その点、ヨーロッパの科学は合理的で実用的でもある。だから民間の知識人の間で流行したのでしょう。

しかし為政者にとって、社会秩序の点から見れば、西洋の思想が入り乱れる状況が好ましいとはいえません。キリシタンの禁令は旧態依然です。それより上下の秩序を重んじる儒教のほうが都合がいい。そこで松平定信は、湯島聖堂に幕府直轄の昌平坂学問所を設立し、あらためて朱子学を正学として、他の学問の講義を禁じました。

「国学」の発達と朝廷

もちろんこの「禁」が文字どおり永続したわけではありませんが、その後の幕府の位置づけや、ひいては日本の政治全体の枠組みを規定する一つの契機にはなったようです。朱子学を学問の根幹に据える以上、その大義名分の考え方からすれば、幕府自体の存在はどうなのか、朝廷との関係をどう定義すべきかという議論が沸き起こってきたからです。

特にこの時期以降、発達したのが国学です。蘭学は合理的かつ科学的ではありますが、西洋の社会文化をベースにしています。その反動として、西洋ではなく日本の文化社会に目を向けるべきではないか、ということです。

当時は、幕府が開かれてからおよそ二百年が経過したころです。これだけ長期間にわたった政権のもと、世情も安定し成熟して余裕が生まれたからこそ、あらためて自分たちの存在理由やルーツを理論的に確立したいと考えるようになったのでしょう。

そのあげくクローズアップされたのが、政治的に隅に追いやられていた天皇の存在です。本来、日本は天皇を頂点として朝廷が治めるべきだが、それを一時的に預かり、天皇になり代わって運営している機関が幕府である、という理屈が生まれたのです。「大政委任論」といっています。もちろん史実経過とは異なりますが、イデオロギーというのは古今東西、そうしたものであって、しかもそれに人々が熱狂して、大きく時代を動かす力になりがちなものです。
ちょうど寛政の時代、朝廷では光格天皇というエネルギッシュな天皇が在位していました。いささか時代錯誤ながら、廃れていたいくつかの儀式を復活させるなど、朝廷の権威・権力の再興をめざすのです。

幕府は家康の時代に「禁中並公家諸法度」を定めていました。朝廷による政治への関与を禁じるなど、幕府が公家のすべてをコントロールする内容です。光格天皇の言動は、これに抵抗する形になりました。

これを機に、幕府と朝廷の関係は一時悪化します。同時に、皇室の存在があらためてクローズアップされ、一定以上の地位にある武士、公家、民間知識人により、幕府との位置づけを見直そうという動きが生まれました。

それが〝成果〟となって現れたのが、そのおよそ百年後の大政奉還です。現状打開のために幕府が朝廷に政権を丸ごとお返しするという特異な発想は、この時代の議論が発端となったのです。

固まり始めた「日本人」の定義

江戸時代の日本の人口動態は非常に明快です。経済成長と大開発が続いた一七世紀末までは一本調子で増加し続け、約三千万人に達します。しかし元禄バブルが崩壊し、一八世紀に享保デフレに直面して以降、経済は持ちなおすものの人口はまったく増えません。三千万人のまま、幕末を迎えることになります。

おそらくこの水準が、当時の技術水準で抱えられる人口規模の上限だったのでしょう。だから災害や天候不順などで農作物の生産量が落ちると、たちまち飢饉が発生して多くの人が亡くなりました。江戸時代の中期から飢饉が頻発し、またいわゆる間引きが流行したのはよく知られた事実ですが、これは表裏一体の事象で、自然の摂理にかなった自発的かつ残酷な人口調節であり、それだけ需給が常に逼迫していたことの証左です。逆にいえば、開発・生産力のギリギリまで人は生まれ育っていたわけです。しかも一八世紀以降は、海外との貿易も途切れて本格的な「鎖国」の状態に入ります。海外からの産物移入も見込めません。

こうした条件を考えると、いよいよ巣ごもりの停滞期に入ったように見えますが、けっして社会全体が膠着したわけではありません。むしろ内部では、この時期にたいへんな構造変化が起きていたのです。

それをひと言で表現するなら「凝集」です。田沼時代に見られたような官民による政治・経済の一体化もその一端ですが、さらにミクロで見ると、「日本人」の定義が固まったのがこの時期でした。

前章でも述べましたが、幕府は早々にキリスト教の禁令を出し、個々人が信仰する宗派を調査・記録する「宗門改」という一種の戸籍制度を発足させます。これとは別に、領主が領民の年齢や家族構成などを記録する「人別改《にんべつあらため》」の制度も存在しました。その両者を統合して戸籍台帳の役割を持たせたのが、「宗門人別改帳」です。

この台帳に記載されることは、人々が地域のコミュニティに繋がれることを意味します。そのコミュニティの中心になっていたのが神社仏閣の特に後者であり、同時にそのコミュニティは完全に領主によって把握されていました。つまり、権力が領民個々人のレベルまで濃密に把握し、支配する体制が整っていたわけです。

農村社会のシステム

ただし、政府権力が社会の隅々まで直接的に支配することは不可能です。そこで仲介役を果たしたのが、それぞれの村にいる庄屋などの地域リーダーです。村単位で年貢・諸役を納める村請制度の下、彼らがその調整役となりました。またそれだけではなく、ある程度委ねられていた村落自治の責任者でもありました。

こうした制度については、中国の地域社会・地方自治と比較する議論もあります。しかし、両者はまったく別次元と考えたほうがいいでしょう。日本の村はそれぞれ独自のルールである村掟を作っていましたが、それはあくまでも藩や幕府の法度の範囲内で、補完的な関係にありました。年貢の納入にしても、地方役人などと密接につながっているため、横領・着服などの汚職はしにくい環境でした。

それに対して中国の場合、中央政府と地域コミュニティは組織的にほとんど分離しています。ルールもバラバラで、忠誠関係もありません。したがって汚職はあってあたりまえ。あまり横領しすぎるとバレるというくらいの感覚です。

これまでも述べてきましたが、日本はもともと大半が農民のフラットな社会であり、中国は中央と庶民が分離した二元社会です。その違いが、村落のあり方にも如実に現れているわけです。

では当時の庶民、特にその大半を占める農民はどういう暮らしをしていたのか。それを端的に示しているのが、**図表5－1**です。これを見ると、インプットは日光と雨だけ。つまりこの二つがあれば、農民は暮らしていけるということです。そして最終的に米をアウトプットするのですが、そのプロセスはすべてコミュニティ内部におけるリサイクルで動いていることがわかります。

たとえば近くに丘があれば、そこから必要な木を伐採して燃料として使い、ただしすべて切り落とすのではなく里山として利用し続ける。その雑木林からは下草を集め、稲作の肥料として使う。これは日本の伝統的な村落のライフスタイルですが、確立したのはこの時期です。

ただし塩などの内部で生産できないものは、外部から最低限の調達をすることになります。

図表5-1　農村のクローズド・システム

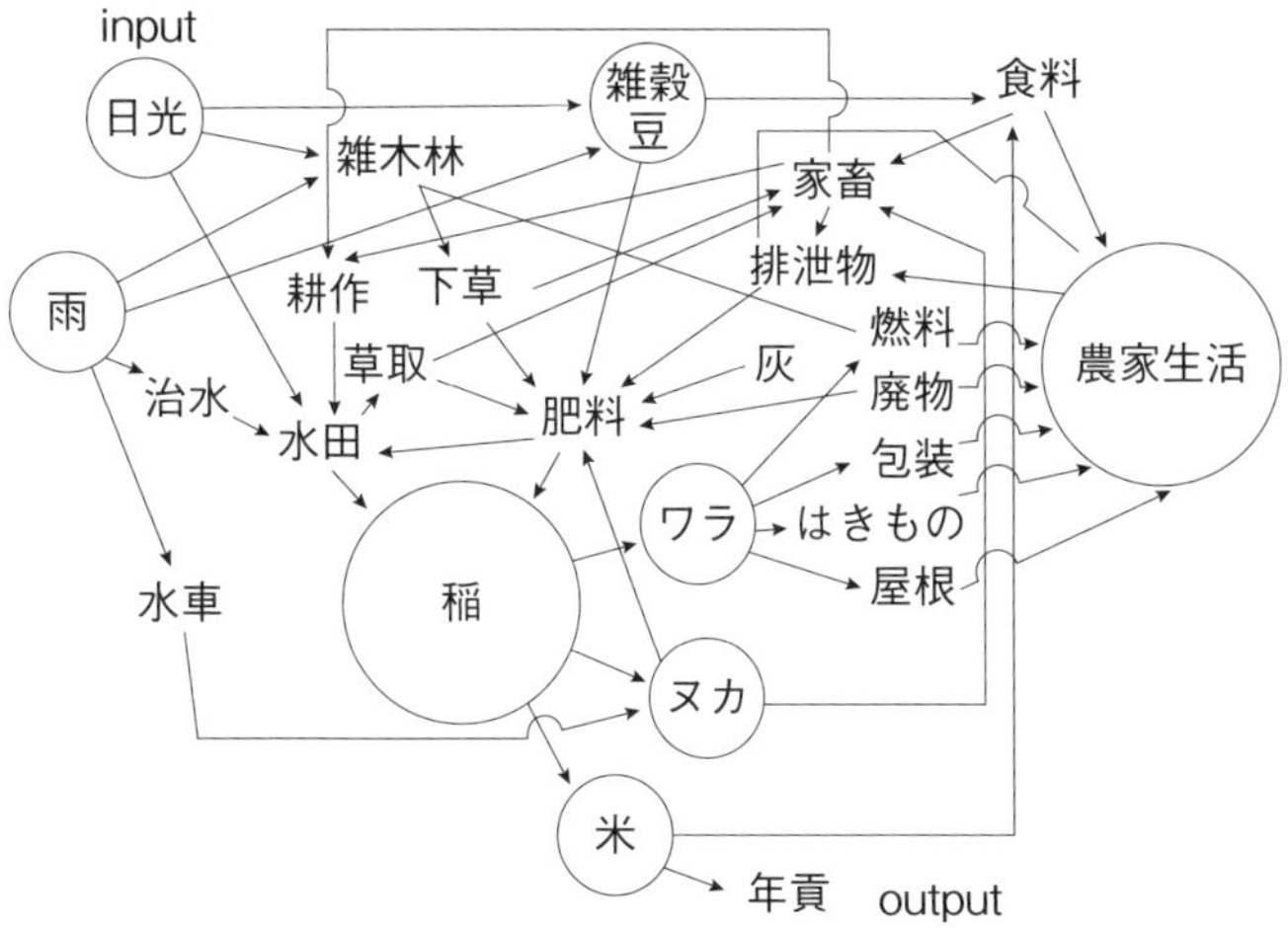

（出所）内田1982。

そのシステムを表したのが、**図表5-2**です。農村の他に都市と漁村と山村があり、それぞれの生産品を輸送し合うことで分業が成り立っていることがわかると思います。日本の庶民の大多数は、このシステムの中で暮らしていたのです。

　言い換えるなら、とにかく適地適産でできるだけ自給し、その一部を外部に出して必要なものを調達する形で国内経済が最大限にまわっていたということです。中国からの輸入が途絶えたことで自給に切り替えたお茶やシルクなども、このシステムに加わりました。その結果、「鎖国」ないし「脱亜」の体制がより完成していくのです。

　こうして当時の技術水準で国内が開発され尽くすと、次に辺境地の開発に向か

図表5-2　拡大したクローズド・システム

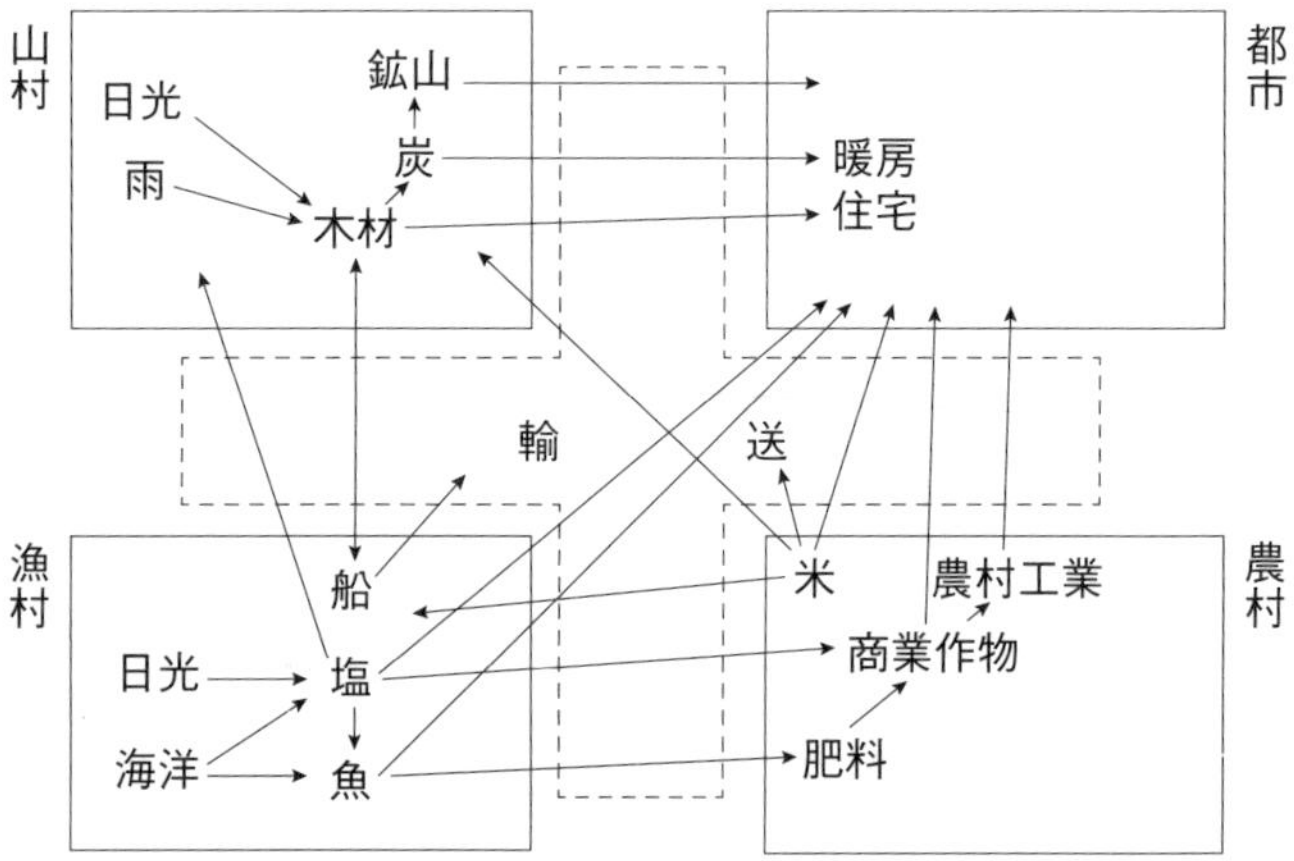

（出所）内田1982。

います。それが蝦夷地であり、奄美や琉球のような南の島々です。当初はいずれも海外のような扱いでしたが、一連の凝集にともない、この時期から内地化していきます。間宮林蔵が蝦夷地から樺太まで探検し、間宮海峡の発見に至ったのもこの時期です。

江戸時代は本当に「貧しかった」のか

ところで昨今、「江戸時代はきわめて貧しくて悲惨な時代だった」という言説をしばしば見聞きします。たしかに江戸時代は貧しかったと思います。たとえばイギリスの経済学者アンガス・マディソンの研究などが証明しています。

しかしそれらは、欧米的な統計目線と統計操作の数値に過ぎません。さらに遡れば、中世の日本は江戸時代よりはるかに貧しかったはずです。あるいは同時代の中国も、個々人は日本よりずっと貧困にあえいでいました。ところがそのあたりは、統計に出てこないのです。ことさらに江戸時代の明瞭になる数字だけを取り上げるのは、かなりミスリーディングだと思います。

中世まで大多数の日本人は山あいに住んでいたため、耕地も狭く、食糧の生産に限界があり、人を多く養えませんでした。生まれていながら育つことができなかった人も少なからずいたはずです。ただし、そのあたりの内情は史料が少ないため、よくわかりません。

その後、戦国から近世にかけて沖積平野の開発が進み、人口は従来の三倍に増えました。つまりそれだけの人が食べていけるほど、社会全体として富裕化したわけです。ただし人口が増えた分、一人当たりの所得は抑えられます。

そして江戸時代中期以降、本格的な「鎖国」状態になると、国内の再開発によって多様な産物の生産を始めます。それを、人口をほとんど増やさずに実行していたことが大きな特徴です。

その後、明治時代に入ると、江戸時代とは対蹠的に貿易を盛んにし、人口を着実に増やしていきました。江戸で生まれ育つことのできなかった人が、近代では生きていくことができるようになったのです。しかしそれは、江戸時代の再開発による蓄積があればこそ可能になったことです。貿易では国産化を達成した産物を輸出できましたし、その増産に投入できる有能な労働力も豊富でした。

明治以降の労働・生活環境は、近代化の圧迫の下、いわゆる女工哀史や小作人に象徴されるように、けっして豊かとは言えません。個々人の境遇としては、江戸時代とさほど変わらなかったと思います。そればかりか、戦争があり兵役があり殖産興業に努めなければならなかった分、いっそう厳しい時代だったはずです。

近代化を達成した明治を高く評価する向きは、前代の江戸を低く見がちです。その正反対もどうやら、少なくなさそうです。しかしいずれにも従えません。端的にいえば、時代の位相が異なるのであって、そこに「近世」と「近代」の違いがあります。庶民一人一人の生活はいずれもギリギリでしたので、江戸時代〝だけ〟・日本〝だけ〟が貧しかったわけでは、けっしてありません。

同時代の中国は全体として見れば、日本よりはるかに産物が豊かで、貿易も活発でした。しかし、それに比例するように人口が爆発的に増加したため、個々人は著しく貧困化します。しかも人口調整も行われなかったので、その趨勢に歯止めがかかりません。急増した人口がようやく調整されたように見えたのは、一九世紀半ばに内乱で数千万人が亡くなったときでした。ただし政治経済の状況は変わらなかったので、同じ傾向は二〇世紀半ばまで続きます。

歴史学界には「貧困史」というジャンルがあり、この手の研究も盛んに行われていますが、実証には統計数字が必要です。しかしその数値がそもそも不均質ですし、いつ・どこで貧しいのかは、相対的・感覚的なもので、やはりケースバイケースの事情があります。統計数値の比較だけでは、とても計り知れません。

文化の中心は上方から江戸へ、エリートから庶民へ

以上のように政治・経済が国内に凝集していく中、文化もまた独自の進化を遂げていきました。

文化や学問は都市で栄えます。室町時代まで、日本で都市と呼べるのは京都だけでした。それが戦国時代になると、地域開発と経済成長が相まって各地に都市が出現します。とはいえ、まだ京都を縮小コピーするのが精一杯でした。

江戸時代に入ると、さすがに各都市も独自の発展を遂げていきます。しかし、初期はまだ京都とその周辺地域としての大坂、つまり上方が文化のトップランナーであり続けました。たとえば漢学の普及に先鞭をつけたのも、元禄文化をリードしたのも上方です。

その流れが変わるのは一八世紀から。一つは空間的な変化で、一九世紀初頭の文化・文政時代まで丸々一世紀をかけて、文化の中心は上方から江戸へ移ります。これを契機として、日本の文化はようやく上方独尊体制から日本全体へ拡散していくのです。

もう一つは階層的・垂直的な変化です。一七世紀末あたりから井原西鶴や近松門左衛門などの作品や、中国の小説の舞台や人物を日本に置き換えた「翻案本」などが出まわるようになり

ますが、それが文化・文政時代あたりには幅広い層にまで浸透していました。庶民が書物・文化に親しむようになったのです。

実は中国でも、一六世紀の明朝の時代に、庶民の間で陽明学がまたたく間に浸透した経緯があります。当時のエリート層の学問といえば、官吏登用試験である科挙と結びついた朱子学の一択でした。陽明学も儒教の一派ですが、そんな朱子学に対抗するように誕生したのです。

その教義はエリート主義・差別主義の朱子学に対抗して、心情と実践を重視し、「一体」「合一」を強調しました。また大きな特徴の一つは、それが教科書ではなく「講学」という口述のセミナー方式で広められたことがあります。だから文字の読めない庶民の間でも、広く浸透していったわけです。それは同時に、庶民に政治への関心を持たせ、長く断絶していた政府や知識人と庶民が接近する機会にもなりました。

しかし現実には結局、「一体」「合一」の動きはすすまず、それ以上の関係には至っていません。庶民は庶民のまま、役人は役人のまま、知識人は知識人のままで推移したのが、中国の歴史です。

一方、日本の場合は事情が違います。時代的には二世紀ほど後ですが、いわば「一体」「合一」がすすんで庶民の多くは文字を読むことができるようになりました。時代を遡れば、文字を読めたのは公家や高僧だけでした。しかし江戸時代も半ばを過ぎたころには、武士はもちろん、庶民の商家の子まで読み・書き・算盤ができました。寺子屋のような教育システムが庶民の間で深く浸透していた成果でしょう。中国史の観点から見ると、これはきわめて驚異的です。もともと歴史の浅い日本は、ほぼ全員が農民のフラットな社会でした。しかし戦国時代から江戸時代初期にかけて、為政者にとって都合がいいように身分が定められ、分断されます。しかし社会秩序が安定し、多くの庶民が読み書きのリテラシーを身につけたことにより、みなが共通の書物を読む・学ぶようになり、「長幼の序」や相手を思いやるようなモラルを意識し始めました。

こうして定まってきた文化・道徳のレベル・モデルが空間的にも階層的にも、均質一様になり、日本はふたたびフラットな社会に戻ったように思います。これが現在の日本人に直接つながっています。

日本文化の自立

では、日本人はどんな学問で読み書きを学んだのか。江戸時代の初期は、儒教を通じて漢学を身につけます。仏教のお経も漢字を使いますが、その使い道はすでに葬式に特化していました。それに対して儒教は幕府も奨励していたため、素直に普及しました。

しかしその後、蘭学が流行するにつれて漢学への信頼が揺らぎ始めます。中国はけっして世界随一の大国ではないし、文明的に最先端でもないし、学問的にも正しいわけではないと気づいたからです。

ただその蘭学も、先に述べたとおり松平定信に敬遠され、漢学への揺り戻しが起こります。そして結局、いずれも日本古来の学問ではないとして、「国学」が編み出されます。

そこで問われたのは、幕府の存在理由とともに、日本とはどういう国なのか、日本人とは何者なのかということです。その象徴的な存在が、たとえば本居宣長の『古事記伝』でしょう。

また日本のあり方についての議論には、長崎に滞在したドイツ人医師エンゲルベルト・ケンペルが書いた『日本誌』からも刺激を受けたといわれています。そのうちの一部を蘭学者の志《し》筑忠雄《づきただお》が『鎖国論』として翻訳しました。「鎖国」という言葉の起源です。

国学のもう一つの特徴は、漢学の反動であるかのように中国誹謗論を含んでいることです。代表的な国学者・平田篤胤は、「中国の偉人は孔子と諸葛孔明の二人だけ」とまで述べています。今日でも嫌中論は喧《かまびす》しいですが、その原点はこのあたりにあります。見方を変えれば、日本のアイデンティティは中国が隣国だったからこそ生まれたともいえるでしょう。つまり一九世紀初頭には、政治・経済のみならず、文化や思想的にも日本独自のものができあがっていきました。

同じ一七～一八世紀のころ、清代の中国でも「漢学」が流行していました。ただしそれは、日本にもたらされた漢学とはまったく別物です。日本でいう「漢学」とは、中国の学問全般を指します。平たくいえば、漢字・漢文で書いてあるものはすべて漢学に属することになります。

一方、中国の「漢学」とは考証学のことで、直截には漢王朝の時代（紀元前二〇二年～紀元二二〇年）を調べる学問を指しています。この時代に儒教が主流の学問として確立したからです。長い歴史のある学問の場合、後世の研究者が論考を重ねるほど、本筋から逸れたり誤解が生じたりすることがよくあります。特に儒教については、宋の時代に朱子学として再構成され、大きく変容しました。ではオリジナルの儒教とはどういうものだったのか、漢王朝の時代までを遡って調べようというのが「漢学」の主旨です。

とはいえ、紀元前後のテキストなどそう多くは残っていません。そこで、それらをできるだけ集めてオリジナルなテキストを復元することが大前提です。結局、その一字一句の意味を調べる程度の細かい穿鑿《せんさく》が主な作業となりました。

これでは、学術的に価値があるとはいえないでしょう。要するに古い書物を買うお金と読み書きの能力があれば誰でもできるし、何の役にも立ちません。実際、前出の内藤湖南はこの作業を「誰でもできる」「単に遊んでいるだけ」と酷評しています。

それだけではありません。明代に陽明学の台頭で庶民が知識を持ち、政府や知識人と距離を縮めたことは先に述べたとおりです。しかしここに来て、あらためて開いてしまったのです。

人口が抑制された日本と、膨張した中国

その背景にあるのは、圧倒的な人口増です。日本の一八世紀はほぼ三千万人で変わりませんでしたが、その百年間に中国は一億人から四億人にまで一気に増えています。社会の生産力が上がり、経済が好調を維持した結果です（**図表4－2**）。

ただし、清朝は経済のコントロールをまったく行わないため、官民乖離がいよいよ激しくなりました。**図表5－3**は、日中の人口の推移を聚落の階層ごとにまとめたものです。Ⅰの首都からⅤの下位行政中心地までが官・権力の及ぶ範囲で、Ⅵ～Ⅷはそれ以外、つまりマーケットだけが存在する聚落です。

それによると、日本は一七世紀から一九世紀にかけて全体的に多少増えてはいるものの、Ⅰ～ⅤまでとⅥ～Ⅷの数にさほど大きな差はありません。それだけ官民一体で、行政が隅々まで行き届いていたことを意味します。これを図化すると、鋭角的なロケット型になります。

それに対して中国は、一二世紀から一九世紀にかけ、Ⅰ～Ⅴも政府の規模もさして変わらないのに、Ⅵ～Ⅷの数が極端に膨張しています。官のコントロールが及ばない、民間の自由競争だけで成り立っている聚落が大量に発生したわけです。

これは清朝が人口増に対処できなかったというより、そもそも政治・「民政」に無関心な政

図表5-3　日中の中心地比較

階層	機能	人口（19C）
I	首都	1,000,000
II	全国的大都市	300,000以上
III	地方中心都市	30,000以上
IV	中位行政中心地	10,000以上
V	下位行政中心地	3,000以上
VI	中間市場町	3,000未満
VII	基層市場町	3,000未満

日中の中心地数

	中国			日本	
	12C	17C	19C	17C	19C
I	1	1	1	0	1
II	0	3	9	0	2
III	30	42	100	6	20
IV	60	90	200	25	60
V	400	600	700	100	250
VI	1,800	2,500	10,000	200	400
VII	2,000	12,000	24,000	500	1,000

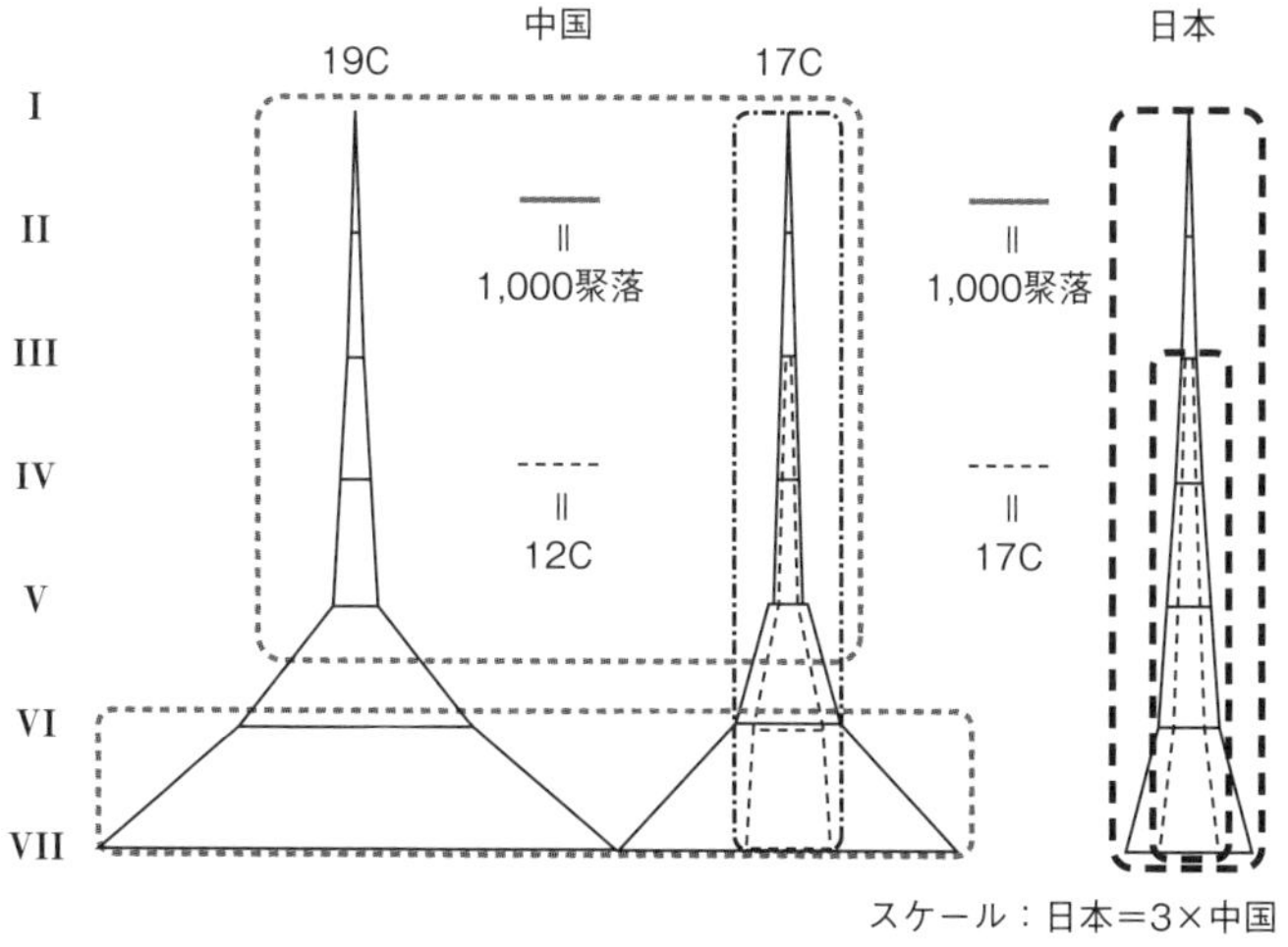

（出所）岡本2019［a］。

権だったからと見るべきでしょう。好景気で平和だったので、官民乖離がさして気にならない社会だったともいえます。

そこにはセーフティネットが存在しないので、一部の成功者だけが金持ちになり、大部分の庶民がどこまでも貧しくなる世界だったはずです。ここまで社会構造が両極に分断されたからこそ、学術の分野もガラパゴス化し、道楽のような研究が横行してしまったのだと思います。

しかし、さすがにこのままでは立ち行かないと考えたのでしょう。一九世紀になって景気が後退し、各所で内乱が頻発して治安が悪化すると、ようやく社会の実態に則した学問が盛んになります。それが「経世論」や「経世学」と呼ばれるものです。ただし、清朝そのものは変われませんでした。

以上から同じ時期に大きく日中の歴史が分岐していることがわかります。それは「近世」でくっきり明瞭になったことですが、必ずしもそのときに始まったわけではない事情も、同時に読み取っていただけるかと思います。

第六章

開国と日中対立の始まり

【幕末～明治維新】

一九世紀の東アジアの情勢

一九世紀の中国は内憂外患の時代でした。要するに、内陸で民衆が暴れ、沿岸からは外国勢力も押し寄せ、全般的に治安が悪化します。

まず内については、一八世紀末に白蓮教徒《びゃくれんきょうと》の乱があり、その約五十年後の一九世紀半ばには太平天国《たいへいてんごく》の乱が起きています。

また外からは、一九世紀半ばにイギリスとアヘン戦争・アロー戦争を立て続けに経験しました。これはアヘンの密貿易などを取り締まろうとした結果、逆に〝倍返し〟を仕掛けられた、とでもいえばよいでしょうか。いずれにせよ、清朝の官憲と直接的に対峙する勢力が拡大したということです。

以上の内と外とは、無関係ではありません。民間が政府の言うことを聞かないという意味では、前代の明代も同様でした。明朝が「北虜南倭」で苦しめられたことはすでに述べましたが、このうち「南倭」の発端は、中国の民間人が日本人やポルトガル人の海賊を国内に引き入れて密貿易を行ったことにあります。それを官憲が取り締まろうとしたところ、逆に蜂起したという史実をすでに経験しています。

アヘン戦争とは時代も対象国も違いますが、言うことを聞かせようとして反抗された点はまったく同じです。だとすれば、政府の姿勢や中国の社会構造としては明代と何も変わっていなかったといえるでしょう。

もともと中国の支配層には、庶民を見下す体質があります。外国を見下す体質もあります。したがって明朝にせよ清朝にせよ、民間の社会や経済、貿易などに対して無関心であり、現状を把握できないからコントロールもできなかったのです。そこで民間と外国が結合した貿易を制限・弾圧し、「攘夷」したりすれば、反抗する外国に内通する「漢奸《かんかん》」が出てくるのは当然です。

そうした内憂と外患が相互に結びつきあって、一九世紀の中国を混迷に導き、ついには国際的な地位の低下を招きます。これを中国の侵略と転落の歴史とみなし、そこから復活するという当為が、二〇世紀以降、中国政府のイデオロギーになっていきました。そこに日本・日本史が不可分に関連してくるのです。

日本「帝国」の誕生

一方、同時期に日本は「凝集」によって大きく変貌するわけですが、それを象徴するのが、「帝国」「皇国」という語彙であり、また自国をそう表現したことです。

「帝国」とはドイツ語なら「カイゼル（＝帝）ライヒ（＝国）」で、蘭学でいえば「ケイゼレイク」の漢訳語であって、「皇帝が治める国」という程度の意味です。国王が治める国なら「王国」になるだけで、そこに大差はありません。ヨーロッパではその語彙概念・実体に何の疑問もないでしょう。

しかし東洋で「帝国」といえば、かなり意味合いが違ってきます。漢語で「皇帝」とは天子であり、天下・世界全体の支配者なので、限られた一国の支配者ではあり得ないからで、したがって「帝国」というなら、それは自家撞着の文字構成で、そんな語彙概念はあり得ないものになります。

ところが日本人は、ヨーロッパの皇帝国家に日本語的な漢語感覚を当てはめて、「帝国」という言葉を作り出しました。そればかりか、日本のことも「帝国」と自称するようになり、そのまま通用させようとしました。このあたりが日本と東アジアの決定的にズレているところです。

日本は他方で「天皇」が君臨する国であるという意味で、今度は横文字の翻訳ではなく大和言葉風に、「皇国」という言葉も作りました。つまり日本は、蘭学的には「帝国」であり、国学的には「皇国」でありました。いずれにせよ、漢語を用いながら、天子・皇帝を戴く中国・東アジアの伝統的な華夷秩序に背を向ける観念・表現であったことに変わりはありません。

その延長線上で、「天皇」をリスペクトして一体となり、汚らしい外国人を排除しようという発想・言葉も生まれます。それが「尊皇攘夷」です。これは儒教・漢語的ですが、漢語に

「尊皇」という表現はありません。それをいうなら「尊王」が正しい。しかし天皇を絶対的に清らかな存在と位置づけているため、穢してはならないという解釈から「皇」の字を当てたのでしょうが、この字面を奇異に感じないところが、いかにも本場の儒教に疎い日本人ではあります。

幕府は増加する外国船の来航にかねてから頭を痛めていました。「鎖国」を国是としつつも、外国事情をかなり正確に把握して国力の差を自覚していたため、さほど強硬姿勢には出られません。一九世紀前半に「異国船打払令」を発布しながら、わずか二十年弱で廃止したあたりにも、苦悩ぶりがうかがえます。

そこに「尊皇攘夷」という思想が国内から沸き起こったことで、調整はさらに難しくなりました。もはや外国に対して抗い切れないことは、当局者にははっきりしていたので、むしろいかに取り込みながら日本のアイデンティティを維持するかが新しい課題になったのです。そこで問題になったのが、他ならぬ「帝国」「皇国」という概念であり、その内実でした。

このとき、日本で幅広く読まれたのが『海国図志《かいこくずし》』でした。中国における前述の「経世論」の一つとして、アヘン戦争の敗北後、海外の実情を知るために世界地理に関する膨大な資料を翻訳してまとめたものです。ヨーロッパの技術に学んで近代的な軍隊を整えることが、国防につながると説いています。

この本自体、当時の中国で読まれることはほとんどありませんでした。ところが、その一部が日本に持ち込まれて翻訳され、大流行します。さらにその後、やはり中国から『万国公法《ばんこくこうほう》』が入ってきました。こちらは、一九世紀前半にアメリカの国際法学者によって書かれた国際法の教科書が漢語訳されたものです。

この二冊によって、日本人の幅広い層が世界の現実を知らされます。そんな世界と日本はどう対峙していくべきか、真剣に考え始めるようになりました。

幕藩体制の限界

一九世紀半ばに黒船が来航し、日本はいよいよ「開国」へ向けて動き出します。定説としては、無知で弱腰の幕府が欧米列強に無理やり不平等条約を結ばされ、維新後の明治政府がその挽回に苦労する、という筋書きの歴史がよく語られます。しかしこれは、明治政府が幕府に取って代わった自身を正当化するため作ったストーリーで、史実経過としては必ずしもそうではありません。

幕府は、以前からかなり正確に海外の事情をつかんでいました。アヘン戦争の産物ともいうべき『海国図志』はもちろん、オランダや中国の筋からも最新の情報を仕入れることが可能でした。またそれをもとに、欧米列強の来航時に向けて相応の準備はしていたのです。むしろその幕府の足を引っ張ったのが、後の新政府の主役となる薩摩藩や長州藩だったという見方もあります。

とはいえ、「開国」のどさくさの中で幕府が瓦解したことは間違いありません。ではなぜ、準備していたのに滅びたのか。それを端的にいえば、もはや時代の要請が幕藩体制のキャパシティを超えていたからだと思います。

幕府が作り上げてきたシステムは、「鎖国」の体制が前提でした。藩と庶民をカッチリと組織し、三千万の人口を維持したまま、政治も経済も文化・思想も高密度で凝集させたことが大きな特徴です。海外の存在をほとんど想定する必要がなかったからこそ、なせる業でした。

ところがその前提が崩れれば、土台を失った建物のように全体が揺らぎます。「開国」のために「鎖国」の枠組みが解かれ、まったく違うプレーヤーとルールが設定された以上、二百年続いた既成のルール・スタンスで凝り固まった幕府の体制では、もう太刀打ちできません。硬軟織り交ぜた丁々発止な対応ができるように、新たな体制を急いで模索せざるを得なかったわけです。

対蹠的なのが中国です。前章で述べたとおり、その社会はバラバラで流動性が高く、まったく統制がとれていません。だからアヘン戦争で沿岸地域が打撃を受けても、全体の体制にそのため、大きな影響はありませんでした。権力による社会の組織化の粗さがいわばクッションとなって、「西洋の衝撃」を吸収してしまったのです。政府当局もかえって鷹揚悠然と構えることができました。黒船の空砲一発で社会全体が大きく揺らいだ日本とは、ここがまったく違うところです。

通貨政策の失敗で幕府崩壊へ

「開国」によって国内に生じた大きな変化は、急速なインフレです。これにより、幕府が長年培ってきた経済体制はあっさり崩壊しました。

理由ははっきりしています。これまでの経済の安定を支えてきたのは、田沼意次の時代に発行された通貨「南鐐二朱銀」以降の通貨政策でした。金属としての素材価値に由来する貨幣から、そこに刻印した額面で価値を決める通貨に転換することで、幕府はマネーサプライ・物価をコントロールできるようになったのです。

しかし「開国」して本格的な貿易が始まると、金銀の価値の違いが狙い撃ちされました。日本の金銀の交換比率は約一対五、それに対して欧米では約一対一五。つまり日本は欧米に比べて銀の価値が三倍も高く、相対的に金の価値は三分の一でした。

そこで欧米にとっては、銀貨を日本の銀通貨と等価交換し、それを金小判と交換して海外に持ち出せば、三分の一の銀貨で金を得られます。具体的には、一ドル銀貨と一分銀三枚のレートで交換され、一分銀四枚で金小判一両に交換、その金を売却すれば四ドルになりました。これを外国商人はもちろん、アメリカ総領事のタウンゼント・ハリスをはじめ外国領事までこぞってくり返したため、日本の金が大量に国外流出したわけです。

これに対し、幕府は新たに「安政二朱銀」を発行します。「南鐐二朱銀」と同様の信用通貨ですが、銀の含有量を増やして金属としての価値を三倍にし、一ドル銀貨の交換レートを一分（＝四朱）に設定しようとしたのです。ただし、国内の銀はほとんど枯渇していたため、貿易専用の通貨として少量だけ鋳造されました。

しかし欧米にとっては、日本国内でほとんど使えないうえ、一ドル銀貨の国内での価値も三分の一に落とされることを意味します。そのため各国領事の激しい反対に遭い、結局わずか二十二日で通用が停止されることになりました。

業を煮やしたのが、イギリス初代公使のラザフォード・オールコックです。貿易の秩序を取り戻すため、金銀相場を国際水準に改めるよう求めます。それに応えるように、幕府は金の含有量を従来の三分の一まで減らした「万延小判」「万延二分金」などを発行します。これにより、金の流出にようやく歯止めがかかりました。

その代わり、銀の価値が大幅に下がり、また幕府が財政を維持するために万延二分金などを大量発行したことで、相対的に物価が急上昇しました。それは同時に、幕府の通貨が急速に信用を失ったことを意味します。

この一連の経緯には、大きな見落としがありました。「南鐐二朱銀」も「安政二朱銀」も、素材価値にかかわらず、額面で通用する信用通貨・計数貨幣なのに、幕末当時の誰もそれを理解していなかったことです。オールコックもそうですが、幕府の勘定方もおそらく同じです。慣例に従っていただけで、貨幣の内実の違いについて深く考えていなかったように思います。

だから、欧米列強の圧力に対して理屈で反論できなかった。当時の東アジア・中国でやっていたように、金属そのものの価値で調整せざるを得なくなったのです。それが百年続いてきた通貨システムの崩壊を招いたことは、当然の帰結といえるでしょう。

幕府が倒れた理由はいくつも考えられます。ただ商業にせよ農業にせよ、江戸時代を通じて産業政策は比較的うまく機能していました。その要になっていたのが、通貨システムの維持です。それが崩壊したという一点だけを見ても、もはや幕府の存在意義は失われたも同然です。

日本には二人の「エンペラー」がいる

イギリス公使ラザフォード・オールコックは、*The Capital of the Tycoon*（『大君の都』）という大著を残しています。日本に滞在していた三年間を記録したものです。

いわゆる〝Tycoon（大君）〟とは、徳川将軍を指します。前章でも述べましたが、すでにこの時期から、日本は「大日本帝国」でした。たとえば「日米和親条約」の冒頭には、〝The United States of America〟とともに〝The Empire of Japan〟という記述が見られます。

ただし「エンパイア／帝国」を名乗る以上、「エンペラー／皇帝」が必要です。では、それは誰か。オールコックは同書で、「日本には二人のemperorがいる」と述べています。一人は宗教的な存在としての天皇、そしてもう一人が世俗的・政治的な徳川将軍です。

二人の皇帝は先にふれたケンペルの『日本誌』がつとに指摘し、また黒船のペリーも祖述したことですが、実際に外交で直面したのがオールコックだったのです。そして自著の書名「大君」もそこに深く関わっています（**図表6-1**）。

第四章で述べたとおり、幕府は朝鮮王朝との関係では、将軍について「日本国大君」と自称しました。東アジア漢語圏の伝統的な秩序体系で用いるべき「国王」の称号は、日本に馴染みがないし、どちらかといえば天皇を指すイメージがあります。そこで朝鮮王朝向けに、新たな称号を創作したのです。

幕末の開国時にも、これを踏襲しました。朝鮮半島のみならず、欧米列強に対しても将軍は「大君」と名乗ることに決め、日本の皇帝であると宣言したのです。

とはいえ、やはり一国に皇帝が二人いるのは、あまりにも不自然でしょう。しかも国内において「大君」は統治能力を失い、もう一人の皇帝、つまり天皇が主

図表6-1
ラザフォード・オールコック

写真提供：Bridgeman Images／時事通信フォト。

導することへの待望論が盛り上がりつつある状況です。オールコックをはじめとする外国側は、それをつぶさに観察していました。

しかも彼ら自身、その混乱の被害者でもありました。「尊皇攘夷」運動の高まりとともに、しばしば襲撃の対象となったからです。オールコックもその一人であり、幕府に抗議しますが、同時にもうこの幕府では混乱を収拾できないと見切りをつけ始めます。そして後任公使のハリー・パークスが完全に幕府を見限り、薩長と組んで明治維新を後押しする側にまわることになります。つまりオールコックは、単なる「大君」の傍観者ではなく、その命運に大きな影響を及ぼした人物だったといえるでしょう。

かくして、世俗的なエンペラーは徐々に無力化し、宗教的なエンペラーがしだいに世俗的な力を持たされ、主権が一元化するようになっていったのです。

「皇帝」と東アジア

明治維新とは、日本が欧米的な国民国家へ再編するプロセスでした。名ばかりの「帝国」が、中身も近代的な本格的な主権国家に生まれ変わろうとしていたのです。要するに、全面的な西洋化であり、その具体策が周知のとおり富国強兵であり、殖産興業であり、廃藩置県でした。

加えて、ここでいう「西洋化」には、従来の日本から脱却するという意味合いとともに、東アジア、特に中国との関係性を変えていくという意味も含まれます。

維新を機に、天皇は西洋における「エンペラー」に収斂しました。是非はともかく、それが今日まで受け継がれています。しかし「エンペラー」は中国でも「皇帝《ホワンディ》」と訳されます。つまり、日本の天皇は中国に対しても「皇帝」と名乗らざるを得ないわけです。

ところが、中国にとって皇帝は「天子」であり、天下にただ一人しかいない存在のはずです。その肩書を日本の天皇が名乗ること自体、日本が東アジアの在来秩序・中国の勢力圏から外れていることを意味します。

「帝国」は「エンパイア」の翻訳語です。つまり「皇帝」も「帝国」ももともと日本語ではない直訳語で、対外的な術語なので、日本人にとって元来は居心地の悪い言葉です。だから国内では「天皇」と呼ぶのが一般的ですが、だとすれば「帝国」も「皇国」と呼ぶのが正しかったはずで、実際国内的には通用しています。ただし、オリジナルの漢語に「皇国」は存在しないので、中国に対してそう名乗っても通じないでしょう。

また「帝国」という漢語概念も存在しなかったのですが、こちらは日本の対外術語なので、外交では使わざるを得ません。そのため当時から東アジアの漢語の語彙に加わりました。そのあげく、今日では汎用的に使われており、中国人も普通に「中華帝国」などといいます。それがまた、東アジアと日本がたどった歴史の所産にほかなりません。

漢語化で西洋文化を吸収

この一件が象徴することはもう一つあります。明治維新を機に、日本語の漢語化が広く一般まで浸透したことです。江戸時代までの一般的な書き言葉は、漢字を多用していたとはいえ、その中身はいわゆる大和言葉による「候文」でした。しかし西洋の書物などを翻訳する際、それでは語彙がまったく足りないことがわかったのです。

当時の洋書の翻訳家・箕作麟祥《みつくりあきよし》は、そこで役立ったのが漢語であると指摘しています。日本は歴史が浅く、複雑な人間社会を表現し切れるほどの語彙がない。その点、中国は歴史が古くて多様な経験を経ているし、また漢字の熟語が非常に融通無碍なので、複雑なことも簡潔かつ豊かに表現できる。それに漢語なら、日本も古くから取り入れてきたので、ある程度馴染みがある。だから複雑な洋書の翻訳も、漢語表現をテコにすることで可能になったというわけです。

それを体現したのが、当時の大ベストセラーである『西国立志編』です。イギリスの作家サミュエル・スマイルズの*Self-Help*(『自助論』)を渡英経験のある漢学者・中村正直《なかむらまさなお》が訳したものですが、正則の漢文にきわめて近い日本語で書かれています。漢文の素養があるからこそ、できたのでしょう。

図表6-2　福沢諭吉

写真提供：時事。

同書が広く読まれたということから、当時の多くの日本人読者が、今ではとても堅苦しい漢文脈の日本語を理解できた世情が見てとれます。漢学が普及した江戸時代の賜物でしょう。

とはいえ、もう少し平易な日本語の本を読みたいというニーズもあったようで、それに応えたのが福沢諭吉です（**図表6－2**）。福沢といえば『学問のすゝめ』が『西国立志編』と並ぶ当時の大ベストセラーとして有名ですが、『西洋事情』も劣らず広く読まれました。同書も洋書の翻訳で、文字どおり、西欧の社会や文化などを幅広く紹介する内容ですが、基本的に洋書からの翻訳に基づいて漢文調で書かれています。

ただしその冒頭部分で、福沢は「洋書を訳するに唯華藻文雅《かそうぶんが》に注意するは大に翻訳の趣意に戻《もと》れり。乃ちこの編、文章の体裁を飾らず勉めて俗語を用いたるも、只達意を以て主とするが為めなり」と宣言しています。要するに、洋書をエレガントな漢文に訳することは、虚飾に流れて、翻訳の趣旨に反する。だから本来の意味を伝えるために、できるだけ俗語を使うと説いています。

また「漢儒者流が頑僻固陋《がんぺきころう》の鄙見《ひけん》を以て、原書の情実を誤認するもまた図るべからず」とも述べています。漢文に精通した者が偏った見識で訳すと、原著の意味を誤認するおそれがある、ということです。

福沢諭吉の位置

おそらく福沢は、英語がそれほど得意ではなかったのでしょう。また当時の水準でいえば、漢文の読み書きも今ひとつだったかもしれません。この部分は、その負け惜しみを書いているようにも思います。しかし大多数の日本人は英語も漢文もできないのですから、それだけ一般に近い立ち位置でした。

それはともかく、漢文調でありながらエレガントにしないとは、古典を踏まえずに書くということです。そもそも漢文は、儒教の経書のような古典をふんだんに取り込み、典故を豊かにして表現力をつけてきたプロセスがあります。故事・古典を踏まえて書くのがいい文章とされています。

しかし福沢がめざしたのは、漢字・漢語を利用しつつ俗語で語ること。つまりその語彙の由来や古典との結びつきに縛られず、単にストレートに意味が伝わるような漢字を使って西洋の翻訳語を編み出したということです。

福沢だけではありません。前出の箕作をはじめ、多様な分野の知識人や文化人が翻訳漢語を作りました。中には中国のオリジナルな漢語と共通するものもあれば、日本で新しく生まれたものもあります。たとえば前者の例としては、「革命」や「内閣」が挙げられるでしょう。後者は「範疇」「演繹」とかでしょうか。今日ではあたりまえに使われていても、実は明治維新のころに中国のオリジナルな漢語とは関係なく、日本で生まれた漢語はきわめて多いのです。

歴史上であまりクローズアップされることはありませんが、この一件は日本に三つの大きな変化をもたらしました。

まず西洋の文明・文化を直輸入する道筋が成り立ったこと。日本人が日本語で翻訳し、自らの概念で西洋の文物を理解・表現できるようになったことこそ、文明開化の要諦でしょう。

第二にその手段として漢字を使いながら、実はそこに関わるはずの儒教や中国の歴史と切り離したこと。つまり翻訳漢語の出現は、江戸時代以来の「中国離れ」「脱亜」が加速したことを意味します。

そして第三は、文章語として漢文の訓読体・読み下しという新しい文体の日本語が普及したこと。複数のベストセラーの影響もあり、多くの日本人が「候文」を離れ、漢文脈に慣れて漢語のリテラシーを身につけました。それはとりもなおさず、それだけ多くの人が西洋の文明・文化に触れやすくなったことを意味します。

以上の三者が揃うことで、明治維新は初めて実現しました。文明開化は、漢語化を基盤にすることで動き出したのです。

「和魂洋才」と似て非なる「中体西用」

一方、同時期の中国は対蹠的でした。アヘン戦争の敗北という、日本の黒船よりずっと大きな衝撃を西洋から受けていながら、清朝の体制自体は揺るぎません。もともと民間が膨大かつ多元的だったため、政府の統治が及ばず、何があっても野放しにされる社会構造だったからです。

したがって、日本が言語まで改めて国ごと開いたのに対し、同時期の中国は海外に向けて新しい港を一つ開き、西洋文明の一部を受け入れただけ。つまり日本が「開国」と「文明開化」で国家の大転換を図っていたころ、中国は「開港」と「洋務《ようむ》」で時代を乗り切ろうとしていたのです。

しかもその「洋務」も、けっして素直ではありません。その基本方針は「中体西用《ちゅうたいせいよう》（中学を体と為し、西学を用と為す）」。中国の事物が本体・原理であり、実用部分のみ西洋の技術や知識を取り入れるということです。一見すると日本の「和魂洋才」と似ていますが、実はまったく違います。

「中体西用」は、あくまでも中国が中心であることが前提です。したがって西洋のものを使う場合には、かならず中国のものになぞらえるか、もしくはこじつけることができなければ認められません。たとえば「数学は西洋人が考えたもの」というままでは、「そんな野蛮人の作ったものは使えない」となる。しかし「実は西洋人の前に中国人が編み出して使っていた」となれば、みながその価値を認めて使えるようになるのです。これを「附会《ふかい》」といいます。

「附会」は昔からある中国独特の発想法で、背景にあるのは多元性です。きわめて多様な言語・習俗や文化が入り混じった社会なので、実用の口語だけではコミュニケーションが成り立たないことがあります。

そこで共通コードのような書記言語が必要になるわけですが、その役割を果たしてきたものの一つが古典です。特に書き言葉の場合、古典に使われていることで価値・意義が定着し、万人がその意味を共有することができる。そういう言葉なら、お互いに誤解なく通用するのです。

逆にいえば、中国のような多元社会では、こういう普遍的な価値・意義を持つ装置が欠かせないのです。ある特定の時期に、ある特定の場所に入ってきた西洋の事物は、すぐには市民権を得られません。それを古典など中国由来のものとして還元することで、ようやく使えるようになります。だから中国は古典を棄てられません。一方で西洋の事物を古典で解釈するため、その原理や本質を理解することは難しいのです。

これは中国にかぎった話ではありません。たとえばイスラム世界におけるクルアーン（コーラン）も同様でしょう。およそ宗教とは、多種多様な社会・集団を統一的な価値観・モラルにまとめる役割を果たしているものです。

図表6-3　李鴻章

写真提供：朝日新聞社／時事通信フォト。

そしてもう一つ、「中体西用」の特徴は担い手が分離、乖離していることです。「西用」については、李鴻章《りこうしょう》のような実務家（**図表6-3**）や庶民が主に担いますが、「中体」を体現するのは皇帝をはじめとする中央の政治家や知識人です。この構造が、日本の「和魂洋才」とまったく違うところです。

「和魂洋才」は一体化していました。政府の実務家は西洋の語学も堪能であり、漢学者は洋学者でもありました。しかるべき地位の個々人が両方を担ったわけです。留学した伊藤博文、英語を話せた森有礼《ありのり》、あるいは福沢諭吉や西周などが該当します。

したがって、中国の「中体西用」と同列に扱うべきではないでしょう。こうした日中双方の違いは、凝集した日本と官民乖離の中国という社会構成の違いをそのまま反映したともいえます。

結局、中国は「開港」して海外と一部の取引は行ったとしても、けっして「開国」して外国と対等に付き合う関係にはなりません。その構造をいち早く喝破したのが、福沢諭吉でした。

福沢は、儒教を通じて道徳を教えることを「儒教主義」と称して嫌いました。それは、「中体西用」「附会」の構造そのものを指したのだと思います。そこから、日本は「儒教主義」、旧態依然の中国・朝鮮とは一線を画し、西洋の後を追うべしという「脱亜論」の論考が生まれてくるのです。

「日清修好条規」の締結を急いだ日本

ここまで見てきたとおり、アジアに来航した西洋に対し、日本は「開国」と「和魂洋才」で臨み、中国は「開港」と「中体西用」でしのごうとした。まったく対応が分かれたわけですが、それは歴史によって培われた社会構造がまるで違うことに由来していました。

ではその後、この二国はお互いをどのように見て、どう付き合っていったのか。それを端的に示すのが、明治維新直後の一八七一年に締結した「日清修好条規」です。

そもそも日本が清朝と条約を結んだのは、第一義的には西洋諸国の国際関係の模倣です。近代国家をめざす以上、条約の締結によって他国と国交を成立させることが条件の一つでした。

加えて、差し迫った問題もありました。西洋諸国と条約を結んで以降、多くの西洋の商社が日本に進出してきましたが、その中には少なからず中国から来た華人が混じっていました。各社はすでに中国内に拠点を持ち、現地の人々を雇い、そこから拡張するように日本への展開を図ったからです。

彼らは家族を引き連れて日本に移り住むと、その地域に同胞どうしでコミュニティを作りました。それが今日の華僑の人々、および横浜や神戸にあるチャイナタウンの発祥です。ちなみに長崎のチャイナタウンも有名ですが、こちらは江戸時代以来のものです。ただ江戸中期にはもう少し奥地に「唐人屋敷」が存在しましたが、明治になって現在の場所に作りなおされた経緯があります。

いずれにせよ、問題は彼らに対する取り締まりです。どの国の人でも犯罪を起こすことはありますが、それが華人だった場合、罰する法律がなかったのです。だから早く清朝と公式の関係を築き、ルールを取り決める必要に迫られたわけです。

対する中国側は、条約の交渉・締結にさほど前向きだったわけではありません。しつこく迫る日本側に適当に応じる、というスタンスでした。つまり、締結を持ちかけたのは日本側からです。

そのプロセスを一覧できるのが、**図表6－4**です。それによると、まず一八七〇年、外務大《だい》丞《じょう》だった柳原前光《やなぎわらさきみつ》が個人的に作成した条約案を携えて天津へ渡り、李鴻章をはじめとする清朝の要人に条約の必要性を説いてまわります。乗り気ではなかった清朝側も説得に応じ、その条約案に三度にわたって修正を加えて最終草案をまとめました。

これとは別に、日本側は翌一八七一年に洋学者の津田真道の提唱に基づいた新たな草案を清

図表6-4　日清修好条規の締結までのプロセス

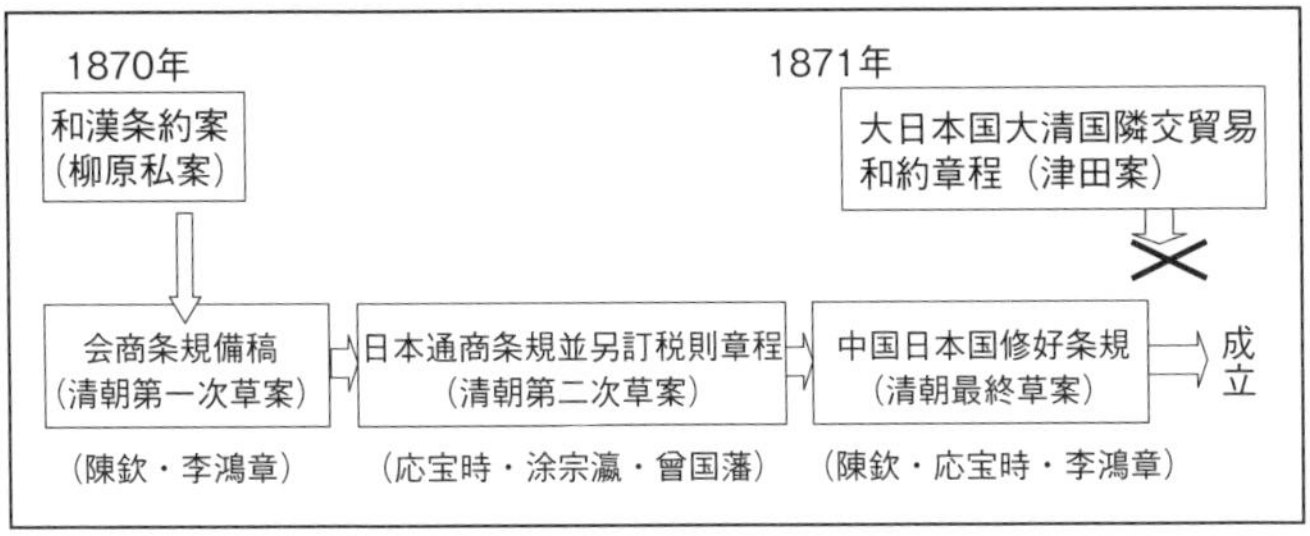

（出所）森田2009。

朝に提示します。こちらは、西洋各国が日本と清朝に結ばせた不平等条約をモデルにした内容でした。西洋各国との対等な関係を望む日本としては、西洋に倣った立場を確保すべき、という理屈です。

しかし、清朝側はそれを当然ながら却下。逆に日本に対し、先の最終草案を示しました。とにかく条約による国交樹立という形を急いだ日本は、それをもとにして交渉に臨み、条約締結に至ります。日本にとっても清朝にとっても、これが初めての対等条約になりますが、この条約をそうした見方で捉えるのは、ずっと後になってからのことです。

その後、日本は改定を清朝に打診したこともありますが、清朝は応じません。その状態は、日清戦争の勃発によって条約が無効になるまで続きました。

清朝が「日清修好条規」に期待したもの

日清修好条規は、その交渉中から西洋諸国の間で物議を醸しました。とりわけ問題とされたのが、第二条です。

「両国好を通せし上は必す相関切《かんせつ》す。若し他国より不公及ひ軽藐《けいびょう》する事有る時其知らせを為さは、何れも互に相助け、或は中に入り程克く取扱ひ友誼《ゆうぎ》を敦《あつ》くすへし」

もし他国から圧力を受けることがあれば、互いに助け合うか、もしくは一方が仲裁に入る、ということです。要は相互援助条項ですが、西洋諸国はこれを日清の軍事同盟と解釈して日本にクレームをつけます。つまり、日中が組んで西洋に対抗するつもりであると見なしたのです。もちろん、日本にその気はありません。西洋に対し、あくまでも儀礼的なもの、と釈明を続けることになりました。

それよりも禍根を残すことになったのが、第一条です。ここには、なぜ清朝が日清修好条規を結ぼうと考えたのか、その理由が反映されています。

「此後大日本国と大清国は彌《いよいよ》和誼《わぎ》を敦くし、天地と共に窮《きわ》まり無かるへし。又両国に属したる邦土も、各《おのおの》礼を以て相待ち、聊《いささ》かも侵越する事なく、永久安全を得せしむへし」

「両国に属したる邦土」を、お互いに侵してはならないというわけです。相互不可侵の条項といえるでしょう。

清朝三百年の歴史を通じて、日本に対する最大の懸案事項は、暴走をいかに止めるかでした。清朝にとって日本は何を考えているかわからない存在だったのです。おそらく、何かあればすぐ暴力に訴える恐ろしい国、秩序がなくてルールを作っても簡単に破る国、というイメージだったと思います。明代の「倭寇」や秀吉による朝鮮出兵が、強烈な記憶として残っているためでしょう。明治政府がいくら否定しても、こういう負のイメージは簡単には払拭できません。

そんな日本が条約でおとなしくなるなら、それに越したことはない。これが清朝の思惑でしょう。あるいは西洋諸国との条約も、同じ意味合いでした。彼らは〝夷狄《いてき》〟、つまり獣のような存在なので、ある程度のアメをなめさせて手懐《てなず》けようというわけです。

とりわけ関心事だったのが、朝鮮半島の保全です。清朝にとって「属したる邦土」とは、縮約すれば「属邦」＝「属国」＝朝貢国であって、主として朝鮮を指していたことが、専門の研究によって明らかになっています。

一方、日本は前述の〝翻訳漢語〟により、この部分を「国土」「領地」と解釈しました。近代の国際法的な観点から、国境線で明確に区切られ、主権と実効支配が行き届いている領土という意味です。そのような観点で見れば、朝鮮半島は明らかに清朝の領地、「属したる邦土」ではないでしょう。

しかしこの問題が顕在化する前に、条約締結からわずか三年後の一八七四年、日本と清朝は台湾の地位をめぐって対立することになります。それが、いわゆる「台湾出兵事件」です。

台湾出兵事件で露わになった日清の相剋

発端はちょうど日清修好条規が結ばれた一八七一年、琉球王国に属する宮古島の島民が乗った琉球御用船が台湾の南端に漂着した際、そのうち五十四名が現地の先住民「生蕃《せいばん》」に殺害されたことにあります。

日本は台湾を清朝所属の「邦土」と見なしていたため、この一件の賠償を清朝に求めます。それに対して清朝側は、取り合おうとしません。生蕃の「生」は文字どおり「なま」、「蕃」は「蛮」を表します。つまり「生蕃」は生粋の野蛮人であり、中華文明はそこに及んでいない。だから実効支配もしていないし、そもそもいっさい関知していないというのが清朝の立場です。こういう対象を「化外《けがい》」と表現しました。要するに、中華皇帝の影響力の及ぶ範囲ではないということです。

加えて、宮古島の島民はあくまでも琉球王国の人々であり、日本人ではないとも指摘。つまり清朝としては、二重の意味で日本に賠償する義理はないと返答してきたのです。

これを受けて、日本は一八七四年に台湾へ軍隊を送り込みます。台湾の先住民の居住地が清朝の実効支配の及ばない「化外」なら、国際法上は主権者のいない「無主の地」になる。また琉球王国は一七世紀初頭から薩摩藩の支配下にあり、維新後もそれは変わらない。したがってその住民は日本人とみなす。その日本人が被害を受けた以上、日本政府として単独で報復行動に出るのは当然、という理屈です。その機に乗じて台湾の先住民居住地を植民地化するほどの勢いでした。

当然ながら、清朝は猛然と非難します。たしかに「生蕃」は「化外」だが、台湾自体は中国に属している。そこに軍隊を送り込むのは、明らかに日清修好条規の第一条（不可侵条項）に違反する、というのです。ただし、実力で日本を阻止する力が清朝にはありませんでした。まだ海軍を持っていなかったからです。

やがて、交渉で妥協点を探ろうという話になるのですが、その場もおおいに難航します。大久保利通が北京へ乗り込んだものの、水掛け論で平行線をたどるばかりでした。結局、イギリス公使が仲裁に乗り出し、両国間で「北京専条」という協定を結ぶことでようやく落ち着きます。

「北京専条」は前文と三カ条で成り立っています。このうち前文では、「生蕃」が危害を加えたのが「日本国属民等」であると明記しています。つまり宮古島の住民、琉球王国の人々が日本人であると、清朝側に認めさせたことになります。

これを機に、日本政府は清朝の朝貢国でもあった琉球を清朝から切り離し、正式に日本に組み込もうとします。いわゆる「琉球処分」の進展です。台湾出兵が、日本と沖縄の関係にとって歴史的転換点にもなったわけです。

また第三条では、逆に日本が譲歩する形で、台湾が「生蕃」も含めて清朝の支配下にあることを確認しています。清朝は以後、海軍の建設に着手するのに加え、台湾の統治を強化します。「北京専条」は直近の事態を収拾するための妥協の産物に過ぎません。台湾出兵に始まる一連の日本の行動は、清朝に前例のない衝撃を与えました。

これまで西洋諸国にもさんざん痛めつけられてきましたが、互いを拘束する条約を結ぶことによって、おとなしくさせることができるというのが、清朝が経験から得た教訓でした。それに西洋とは地理的に距離が離れているため、そう継続的に関わることもありません。

ところが日本は、そんな〝常識〟をことごとく覆したことになります。ほんの三年前に条約で相互不可侵の条項を盛り込んだはずなのに、何の歯止めにもならなかった。しかも隣国なので、いつでも再来のおそれがある。この一件で危機感を募らせた清朝は、「仮想敵国」の最上位をロシアから日本に変更しました。

今日も続く日中対立の原点は、明治維新から間もないこの時期にあります。しかもそれは、双方の秩序観や統治観、社会構造や思想言語、語彙概念の相違にまで由来するだけに、かなり根深いといえるでしょう。

その対立が、台湾出兵からわずか二十年後、日清戦争という形でふたたび顕在化することになるのです。

第七章

朝鮮半島をめぐる外交と戦争

【明治時代】

「両属」と「隠蔽」

前章で述べたとおり、台湾出兵とその解決に向けた「北京専条」により、大きな転換点を迎えたのが琉球です。琉球王国に含まれる宮古島の住民が「日本国属民」と明記されたことをきっかけに、いっそう日本の一部として取り込まれることになります。

そもそも琉球王国が成立したのは、一五世紀前半のことです。当時の日本は室町時代、中国は明朝が政権を握っていた時代であり、琉球は明朝の朝貢国でした。場所・状況はまったく違いますが、それはちょうど朝鮮半島に朝鮮王朝が誕生した時期と重なります。やはり一四世紀の末から一五世紀の初めは、世界史・東アジア史の画期ではありました。

その転機が訪れたのは、いま一つの画期である一七世紀初頭、時代区分でいえば「近世」の始まったころです。日本では戦国時代が終わって徳川幕府が成立し、また中国では明朝が倒れて清朝が登場した時代です。そういう東アジアの激変期に翻弄されるように、琉球王国も変化を強いられます。

まず日本からは、幕府の許可を得た薩摩藩の侵攻を受け、支配される形になりました。また明朝から清朝に代わったことで、中国との関係も変わります。それまで琉球は〝巣ごもり〟の明朝との関係が深く、その窓口役を担って中継貿易で栄えていました。しかし自由放任・貿易開放の清朝の台頭により、そのアドバンテージを失います。ただし、清朝に対しても朝貢の関係は継続しました。

つまり近世以降の琉球は、薩摩藩を通じて日本に支配されるとともに、中国の冊封国でもあり続けたわけです。これは歴史学の世界では「両属《りょうぞく》」といいますが、近代国家ではあり得ない関係です。近世以前の東アジアにおける国際秩序のあり方を示す、典型的な一例と考えられています。

「琉球王国」は「琉球藩」に

ただ問題は、当の琉球王国がこの状態をどう捉えていたかということです。「両属」という言葉自体は、明治政府が初めて使うようになったもので、日本に帰属することを公にし始めたのは、「開国」以後の幕末時代からでした。琉球も日本も当事者がその事実を公言していたわけではありません。むしろ「隠蔽」していたのです。

〝黒幕〟は薩摩藩です。琉球王国は清朝への朝貢を続けながら、薩摩藩に支配されていることは報告しなかった。もちろん薩摩藩も幕府も、琉球と清朝の関係を知りながら、清朝には伝えていません。余計な波風を立てたくなかったのでしょう。いわば琉球と日本がグルになり、およそ二百五十年にわたって事実を隠し続けたのです。

図表7−1　琉球使節団「慶賀使」

参考になるのが、たとえば図表7−1です。幕府将軍の代替わりの際、琉球から江戸へお祝いに参上する使節団「慶賀使《けいがし》」を描いたものですが、きわめてエキゾチックな衣装を身に着けていることがわかります。実際は薩摩藩に支配されていながら、いかにも国外から来訪したかのように装い、日本ではないことを強調しているように見えます。

琉球としては、薩摩藩による支配を隠すことで、独立国家のようなスタンスを保てます。清朝への朝貢は儀礼的なものなので、支配・被支配の関係ではありません。だから幕末に来航したペリーは、浦賀とともに那覇にも立ち寄り、日米修好条約とは別に琉米修好条約を締結しています。後にフランスとオランダもこれに倣いました。西洋諸国から見れば、琉球は別個の国という位置づけだったのです。

しかし、明治新政府の下でこれは通用しません。完全な西洋化を国是とし、近代国家であることを世界に知らしめるためには、主権・領土を確立しなくてはならず、琉球の場合には、「両属」という東洋的で中途半端な立ち位置を解消する必要がありました。つまり琉球は完全に清朝と切り離し、日本に帰属させるということです。

そこで一八七二年一〇月、政府は「琉球藩」を設置し、当時の琉球国王の尚泰《しょうたい》を華族として「琉球藩王」に任命する旨の通達を行います。廃藩置県を始めて間もない時期でもあったので、やがては「藩」を「県」に置き換えるつもりだったのかもしれません。また琉球が西洋諸国と結んだ条約についても、政府が引き継ぐ姿勢を見せます。

この後に台湾出兵と「北京専条」の取り決めがあり、さらに一八七九年には琉球の廃藩置県が行われます。ここで琉球王国は崩壊して「沖縄県」が成立し、正式に日本の一部となりました。ただし西洋諸国は、すでに琉球藩王任命の一八七二年の時点で日本に帰属したと考えていたようです。

琉球王国の抵抗と消滅

以上の経緯は明治政府側から見たものですが、これに対して琉球王国側は一貫して激しく抵抗します。清朝との関係がこじれることを警戒したためです。

これまで琉球が西洋諸国と条約を結ぶなど、一種の自治権を維持できたのは、ひとえに清朝の朝貢国でありながら、同時に薩摩藩との関係を「隠蔽」していたからです。その微妙なポジションを失えば、国家存亡・自治権喪失の危機に直結することは明らかでした。

ところが、琉球はこの期に及んで「両属」こそが自らの国体であると積極的に公言し始めます。西洋流の国際秩序ではあり得ない立場であることを公表したわけで、自ら危機を呼び寄せたともいえます。裏を返せば、それだけ日本一国のみに組み入れられたくなかったわけです。この時点で、日本と琉球の思惑は一八〇度違いました。

とりわけ琉球のエリート層や知識層の間では、中国の文化や教養への造詣が深いため、清朝寄りの考えが主流でした。このまま日本に属することは、清朝に対して申し訳が立たない、という意識が強かったようです。それに現実問題として、王国の消滅は自分たちの居場所の喪失につながるという危機感もあったでしょう。

そこで清朝に亡命し、王国の復活・復興に向けた運動を主導する人々も多数いました。これを「琉球救国運動」といいます。対する日本側はこうした動きを許容せず、「脱清人」としてお尋ね者扱いにしています。

その後、この問題に対して大久保利通が積極的にイニシアチブをとり始めると、事態は明治政府の意向に沿って動きます。前述のとおり「北京専条」の交渉のために北京に乗り込んだのも大久保であり、琉球人が日本人であることを清朝に認めさせました。

こうして〝外堀〟を埋めた上で、なお抵抗を示す琉球に対し、一八七五年に内務大丞の松田《まつだ》道之《みちゆき》を処分官として琉球に派遣して、「琉球処分」をすすめていきました。七九年に首里城を接収し、琉球藩を沖縄県に替え、国王だった尚泰を東京に住まわせ、完全に日本の一地方として組み入れたのです。

琉球に対する清朝の関心

またこれを機に、清朝への朝貢が完全に廃止されました。逆にいえば、この時点でまだ朝貢が続いていた、つまり清朝との関係が切れていなかったということでもあります。

政府が「琉球処分」を急いだ背景には、清朝の動向がありました。沖縄県設置の二年前の一八七七年ごろ、さすがに清朝も琉球からの朝貢使節が途絶えたことで、異変に気づきます。ちょうどそのころ、初代駐日公使として赴任した何如璋《かじょしょう》は、さっそく明治政府に抗議文書を提出しました（図表7－2）。

図表7－2　何如璋

その文面は清朝側からすれば、かなり穏便な内容だったのですが、明治政府はそれを無礼な暴言とし、いっそう態度を硬化させます。翌七八年に清朝との交渉の場を持つものの和解できず、翌七九年には、むしろ急ぐように廃藩置県を断行したのです。清朝との交渉で事態が紛糾する前に、既成事実を作ってしまおうとしたとも見えます。

結局、琉球王国の命運は、折からの西洋化の波と日中による秩序の衝突の煽りを受けた、という捉え方ができると思います。

日本と琉球をめぐる一連の経緯に、清朝は衝撃を受けます。琉球からの使節の往来があったので、以前から日本の手が及んでいることは薄々感じていたと思います。しかし事を荒立てるのも面倒なので、見て見ぬふりをしていたのでしょう。まさか自国に取り込んでしまうとまでは、考えていなかったはずです。

清朝から見れば、日本の行為は明らかに日清修好条規違反でした。日本にとって琉球は西洋流の国家観に照らして独立国家ですが、清朝にとっては朝貢国であり、したがって「属国」であると認識しています。それを日本が強引に滅ぼして奪ったのであって、自らの秩序体系を破壊する行為でしたから、とても容認できるものではありません。

琉球が日本の領土になること自体は、清朝にとってさほど大きな問題ではありませんでした。今日でこそ海洋進出という目的があるため、また領土主権という観念があるため、たとえば尖閣諸島をめぐって一歩も退かない構えですが、当時の為政者には、まだ主権概念はなかったですし、海への関心も薄かったのです。「脱清人」による「琉球救国運動」についても、従来の朝貢関係という行きがかり上、表向きは認めますが、いよいよ日本との関係が難しくなるので、実は煩わしく思っていたようです。

それよりも清朝の懸念は、日清修好条規の相互不可侵条項があっさり反故《ほご》にされたことです。

それによって「属国」が滅ぼされるという前例ができてしまうと、同じことがまたくり返されかねない。まして海洋の島ではなく地続きの場所が狙われるとすれば、安全保障上のさらなる脅威になることは間違いありません。

そこで清朝が頼ったのが、世界一周旅行中でたまたま滞在していたアメリカのユリシーズ・グラント元大統領です（**図表7－3**）。南北戦争時は北軍の将軍として英雄と称賛されながら、大統領としては史上最悪の一人と評される人物でした。グラントがアメリカを背景にして仲裁に乗り出した以上、日本も対応せざるを得ません。一八八〇年から日清間の交渉が行われることになりました。

図表7-3
ユリシーズ・グラント（第18代米大統領）

写真提供：GRANGER／時事通信フォト。

実は日本側にも、清朝側と交渉しなくてはならない課題がありました。先にも触れました日清修好条規で、相互に対等に認めあった領事裁判権の条項です。

周知のとおり、日本は西洋列強に領事裁判権を認めていました。これを是正しなくては、不平等条約の改正はおぼつきません。ところが清朝にも領事裁判権を認めている現状では、西洋列強が改正の協議に応じるわけはありません。そのため日清修好条規の条項を改めて、日本に対する領事裁判権を一律に容認しない姿勢を見せなければ、明治政府が望む西洋諸国との不平等関係の解消も始まらない状態でした。

清朝からその部分の譲歩を引き出すため、政府は代償として、琉球諸島全域のうち宮古島など南部の島々を清朝に譲る提案を行います。これを「分島改約」交渉といいます。対する清朝側は、諸島の分割は別として、とにかく琉球王国の復権を求めます。つまりは朝貢国・「属国」としてキープしておきたかったわけです。

日本政府としては、それを外すことが「琉球処分」の最大の目的だったので、とうてい受け入れられません。結局、交渉は妥結に至らず、決着はその後の日清戦争に委ねられることになるのです。

ちなみに現在も、中国は「琉球処分」を認めていません。つまり沖縄県の存在も、そこが日本の領土であることも、この時以来一貫して肯定していないのです。現在の沖縄県内でも一部に「琉球独立論」がありますが、それには中国や台湾の人々が少なからず賛同・連携しているようです。

日清対立の争点は朝鮮半島

朝貢国だった琉球を奪われた後、清朝がもっとも関心を寄せたのは朝鮮半島でした。こういう前例を作ってしまった以上、秀吉の朝鮮出兵の再来とばかり、日本が次のターゲットにしかねないからです。また先述のとおり、日清修好条規の第一条で清朝側が盛り込んだ相互不可侵条項自体、朝鮮半島を想定したものでした。それだけ清朝にとって、死守すべき地域だったわけです。

「琉球処分」で明らかになったように、その日清修好条規が日本に通用しないとすると、新たな手を打つ必要があります。そこで考えたのが、アメリカをはじめ西洋諸国と朝鮮との間で条約を締結させることでした。この両者が何らかの関係を持てば、さしもの日本も手を出せません。しかもその条約に朝鮮が清朝の「属国」であると明記すれば、その関係を諸外国に認めさせることにもなる。それによって、琉球の二の舞になることを避けようというわけです。

これを主導したのは、前出の駐日公使・何如璋とその部下で日本通の黄遵憲《こうじゅんけん》。後者は「朝鮮策略」というパンフレットのようなものを作り、これを朝鮮政府の要人にも渡し、計画を周知して実行に移していきます。

ところが、一方のアメリカがこれに難色を示しました。「朝鮮が清朝の属国である」と明記した条約を対等の立場で結ぶとなると、アメリカも清朝より一段低い立場に置かれることになります。拒否するのは当然でしょう。

そこで清朝側は、「属国」であるとした条文を削除した上で、同じ趣旨を朝鮮国王からアメリカ大統領に向けて「照会」という文書を提出させて、表明します。「照会」とは「問い合わせ」という意味ではなく、対等の立場でやりとりする公文書を指す当時の用語で、今日でいえば親書のようなものです。

そこに記されていたのは、「朝鮮はかねてから中国の属国だったが、内治外交はずっと大朝鮮国君主が自主してきた」という内容です。その上で、「朝鮮が中国の属国であることは、アメリカとはまったく関係のない話」とも述べています。だから対等な条約を結んでも何ら問題ない、というわけです。ちなみに末尾には中国の年号が記されていますが、これは属国として守るべきルールのようなものです。日本では中国と異なる独自の年号がいまでもありますが、これは中国に属していないという意思表示でもあるのです。

これによりアメリカ側が態度を軟化させ、一八八二年に「米朝修好通商条約」が締結されました。条文に属国の条項はありませんが、これ以降、清朝側は先の「照会」を盾にして、アメリカは清朝と朝鮮との属国関係を認めたと主張するようになります。

ところが、ここにもう一つ面倒な事情が絡んできます。六年前の一八七六年、日本と朝鮮は「日朝修好条規（江華島条約）」を締結していました。そこには、「朝鮮は自主の国」と書かれています。ここでいう「自主」とは、今日的な意味では「独立」を指します。当時の正式な漢語に、その意味での「独立」という言葉はなかったようです。たとえば当時の国際法『万国公法』の漢訳にも、「独立」は出てきません。アメリカ独立戦争に関する記述の

〝independent〟や〝independence〟は「自主」と訳されています。つまり「独立」は日本生まれの〝翻訳漢語〟であり、それを当時の正式な漢語で表現するなら「自主」だったと考えられるわけです。

したがって、当時の日本は朝鮮を独立国と見なしていたことになります。しかし「米朝修好通商条約」の清朝側の解釈によれば、朝鮮は「属国」。この矛盾から、日本と清朝と朝鮮の関係は泥沼化の一途をたどることになるのです。

清朝・朝鮮への絶望から生まれた「脱亜論」

「米朝修好通商条約」の締結から二ヶ月ほど後、事態をさらに悪化させる事件が朝鮮国内で起こります。兵士が中心になって蜂起し、時の政権を倒して新政権を樹立しました。これを「壬《じん》午軍乱《ごぐんらん》」といいます。日本公使館も襲撃のターゲットとなり、公使館員など複数の日本人が殺害されました。

これに対し、まず日本側が軍隊を送り込み、朝鮮政府を相手に賠償金と事後処理の交渉を行います。それを見た清朝側も、朝鮮半島が日本に奪われることを警戒して軍隊を出します。彼らは宗主国として反乱軍を鎮圧し、前政権を復活させると、そのままソウルに駐留しました。

露骨な内政干渉と、そのおかげで返り咲いた政権に、不満を募らせた朝鮮の人士は少なくありません。そこで二年後の一八八四年、彼らはクーデタを起こし、やはり政権の打倒に成功します。ところが駐留する清朝軍の反撃を受け、わずか三日でもとに戻りました。これを「甲申政変」といいます。

このとき、クーデタ側は日本の軍隊に支援を求めました。これに応じた日本軍は、必然的にソウルの王宮で清軍と一戦を交えることになります。ただし双方とも軍備が不十分だったため、大規模な戦闘までには至りませんでした。日清戦争になってもおかしくない形勢でしたが、この時点ではどうにか回避された恰好です。

しかし、この一連の経緯に日本は多大なショックを受けます。朝鮮が清朝の属国以外の何者でもないことを、目の当たりにしたからです。もともと日本としては、朝鮮に対して一方で「征韓論」のように見下す姿勢もありながら、もう一方では独立国家として日本をモデルに近代化してほしいという望みも持っていました。代表的な存在が福沢諭吉で、自身が主宰する新聞『時事新報』にその旨の論説を載せ、また実際に清朝から離脱しようとするクーデタ側への支援も行っていました（**図表7-4**）。

甲申政変の結果に絶望した福沢は、これを機に「脱亜論」を展開するようになります。たとえば以下の一文でも、その趣旨はよくわかるでしょう。

「左れば今日の謀を為すに、我国は隣国の開明を待て共に亜細亜を興すの猶予ある可らず、寧ろ其伍を脱して西洋の文明国と進退を共にし、其支那朝鮮に接するの法も、隣国なるが故にとて特別の会釈に及ばず、正に西洋人が之に接するの風に従て処分す可きのみ。悪友を親しむ者は、共に悪名を免かる可らず。我れは心に於て亜細亜東方の悪友を謝絶するものなり。」（福沢一九五二）

図表7-4　時事新報

福沢によれば、近代化や文明開化に向けて戦うべき相手は「儒教主義」であると説いています。「封建制は親の敵」という有名な言葉も残していますが、要するに旧体制を打倒しなければならない、東アジアの規模のそれが「儒教主義」だということです。

　ところが、清朝も朝鮮も「儒教主義」を脱することができなかった。朝貢関係という秩序体系はその典型である。ならば、もう彼らと関わる必要はない。それより欧米に直接キャッチアップしよう、というわけで

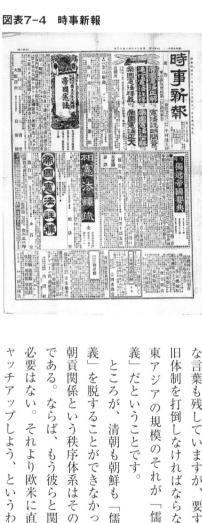

す。日本と清朝・朝鮮の相容れなさは、自身が経験したことだけに、福沢の論調は非常に切実だと思います。

しかもこの後、清朝は「儒教主義」の体制を維持したまま、軍備の拡張と近代化を推し進めます。日本がたいへんな脅威を感じたことはいうまでもありません。清朝が日本を仮想敵国に設定したのは台湾出兵の折ですが、日本も清朝を仮想敵国として見るようになります。

もちろん日清双方は、競争するように軍備も拡張します。広島県の呉に海軍基地が建設されたのはこのころですが、瀬戸内海なら清朝海軍からの攻撃を防げるということが、理由の一つだったそうです。

いずれにせよ、日清の対立はいよいよ険しさを増してきました。

日清開戦の覚悟

対立の焦点は、やはり朝鮮半島でした。清朝との関係で見ると、朝鮮には外交を含めてある程度の自主権は確保されていました。ただし清朝と対等な立場を求めたり、リスペクトがなかったり、あるいは中国と敵対する国家と結びついたりすることは許されない。こういう制約があるという意味では、明らかに属国でした。

このルールにしたがうなら、何ら問題はありません。ところが日本は、朝鮮と独立国家どうしとしての関係強化を望みました。この時点でまず清朝の思惑とバッティングするわけです。加えてアメリカやロシアをはじめとする西洋諸国も、清朝と朝鮮の関係を理不尽と捉えるようになっていました。

それに対して清朝は、まったく譲歩しません。むしろ朝鮮が清朝を差し置いて他国と関係を緊密にしたり、援助や指導を求めたりすると、とたんに態度を硬化させるような場面もあったようです。

それでも一八九四年までは、なんとかパワーバランスが保たれていました。ところがこの年、朝鮮国内で三たび大きな反乱が起こります。「甲午農民戦争」または「東学の乱」と呼ばれるものです。

朝鮮の政権が鎮圧のために清朝に援軍を要請すると、それを脅威と捉えた日本も軍隊を派遣しました。このとき、日本側にはある種の〝覚悟〟があったようです。

過去に二度、「壬午軍乱」と「甲申事変」において、日本軍は清朝軍と対峙して圧倒されています。三たび同じことをくり返すようなら、朝鮮半島における日本のプレゼンスが壊滅的に劣勢に立たされることは必至でした。そうならないためには、清軍と正面から一戦を交えるしかない。結果的にその考え方に日本政府も傾いていきました。

そのあたりの事情を克明に記したのが、当時外務大臣だった陸奥宗光による『蹇蹇録《けんけんろく》』です。たとえば以下のように述べています。

「日清両国が朝鮮において如何に各自の権力を維持せんとせしやの点に至りては、殆ど氷炭相容れざるものあり。日本は当初より朝鮮を以て一個の独立国と認め、従来清韓両国の間に存在せし曖昧なる宗属の関係を断絶せしめんとし、これに反して清国は疇昔の関係を根拠として朝鮮が自己の属邦たることを大方に表白せんとし、実際において清韓の関係は普通公法上に確定せる宗国と属邦との関係に必要なる原素を欠くにもかかわらず、せめて名義上なりとも朝鮮を以てその属邦と認められんことを勉めたり。」(陸奥一九八三)

清朝と朝鮮の関係は、国際ルールに定められた宗主国と属国の関係とは違うにもかかわらず、清朝は朝鮮を一方的に属国扱いしている。この曖昧な関係を絶って朝鮮を独立国にしなければならないとして、それを戦争の大義としたのです。

一方、当時の総理大臣だった伊藤博文は、開戦に反対の立場でした。清朝側の李鴻章の外交手腕をリスペクトしていたため、二人で協議すれば破局は回避できるだろうと考えていたようです。ところが陸奥をはじめ、政府の中枢が現地当局と気脈を通じて、開戦やむなし、という論調に固まったため、それに従わざるを得なくなりました。

日露戦争は日清戦争の〝延長戦〟だった

一八九四年に日本側から仕掛けて始まった日清戦争は、予想外に日本の圧勝で終わります。朝鮮半島のみならず遼東半島まで制圧し、ついには北京にまで迫るほどの勢いでした。

しかしこの〝勝ち過ぎ〟が、その後の日本に禍根を残すことになります。翌一八九五年に締結した下関講和条約により、日本は朝鮮の独立のほか、遼東半島・台湾・澎湖《ほうこ》諸島の割譲、賠償金を獲得しました。しかしその直後、ロシア・フランス・ドイツからの三国干渉を受け、遼東半島については清朝に返還せざるを得なくなります。

そればかりか、かえってロシアの東アジア進出を誘発することにもなりました。清朝は日本をいっそう脅威に感じ、警戒する必要に迫られます。その勢いと対峙するには、強国のロシアと組むしかない。そこで東三省《マンチュリア》の利権を代償にして引き入れることにしました。以下、東三省（現在の遼寧・吉林・黒龍江の三省）は、当時の日本人の呼称にしたがって、「満洲」と表記します。

北京から見ますと地政学的に、朝鮮半島と遼東半島あたりは一体で考える必要があります。朝鮮半島の安全を確保したければ、地続きの「満洲」も押さえなければならない。逆に「満洲」の安全も、朝鮮半島に担保されている。両方とも一体一括で、いずれも敵対勢力に取られては困る。

だから清朝は「満洲」の安全のために、朝鮮半島を日本から守ることに固執してきました。そのための日清修好条規であり、「琉球処分」への反対であり、日清戦争でもあったわけです。ところがすべて失敗したため、いよいよロシアに頼らざるを得なくなったということです。

日本にとっては、朝鮮半島を確保したものの、その先を強国ロシアに塞がれ、しかも押し戻されるような形です。清朝以上にたいへんな脅威であることはいうまでもありません。そこで日本はロシアに対し、「満洲」と朝鮮半島でそれぞれ棲み分け、互いに干渉しないことを提案します。

ところがロシアは、それを拒否しました。そもそも日本を見下していたうえ、やはり清朝と同様、地政学的に「満洲」と朝鮮半島を一体一括で捉えていたからです。「満洲」を支配する以上、喉元に日本がいては危険ということです。この反応に絶望した日本は、しだいにロシアとも対決姿勢を強めていきます。

一九〇四年から始まった日露戦争は、周知のとおり辛うじて日本が勝つわけですが、その対立の構図は日清戦争と同じでした。日本史上の意義では、両者はまったく違うでしょうが、地政学的、もしくはそれを含めた国際政治的な観点で見ると、やはり朝鮮半島をめぐる勢力争いが最大の焦点だったのです。その意味で、日露戦争は日清戦争の再来だったと捉えるべきでしょう。

大日本帝国から「帝国日本」へ

この二つの戦争を経て、日本は朝鮮半島を保護国とし、やがて併合します。また「満洲」の権益もロシアから獲得しました。それにより日本の立場も変わります。以前の清朝やロシアと同じように、朝鮮半島に固執せざるを得なくなったのです。それは同時に、「満洲」も譲れないということを意味します。

朝鮮半島を敵対勢力から切り離しておくことは、日本列島の安全を確保するうえで重要です。以前はそれだけが目的でしたが、日清・日露戦争の結果、朝鮮半島の安全を維持するには満洲も守らなければならなくなった。逆もまた真です。平たくいえば、それだけ深みに嵌っていったことになります。

このころから、日本は「大陸国家」、ないし近年の学術的な用語ですと「帝国日本」と呼ばれる存在になります。朝鮮半島や「満洲」という植民地を得たことで、国家の目標が地政学的な安全保障から経済的な利益追求に変わっていきました。

それまでの日本も「大日本帝国」です。しかしそれは天皇＝皇帝が君臨する国というだけで、いわゆる「帝国」ではありません。この時期から、名実ともに「帝国」化して帝国主義を実践するようになってきます。それはいうまでもなく、日本と中国との関係、ひいては東アジアとの関係にも影響を及ぼすことになります。

実は同時期、中国も大きな変貌を遂げていきました。端的にいえば、中国ナショナリズムの勃興です。それまで西洋列強の進出によって社会が大混乱に陥り、分割解体されそうになった反動から、一つにまとまろうとする動きが出てきたわけです。

まったく偶然ですが、日本が日露戦争に勝利し、「満洲」の権益を獲ったのはその矢先でした。中国国内では、日本を見倣って国民国家を作り上げようという意識が高まります。ところが政治的にも経済的にもその前に立ちふさがったのも、また日本でした。

日本の「産業革命」と中国

政治や軍事のみならず、経済面でも日本と中国は深く関わっていきます。それを端的に示すのが、綿業の推移です。

明治維新直後の一八七〇年代、日本が文明開化・富国強兵の一環として、殖産興業で産業を急速に発展させたことは周知のとおりです。官は民間経済を活性化させるため、ほとんど国策で財閥を育成しました。

本家イギリスの産業革命がそうだったように、中心となった産業が綿業です。その時代は一八九〇年代ごろまで、日本のみならず東アジア全体で続きます。ただし一八八〇年代において、

図表7-5　機械製綿糸の供給

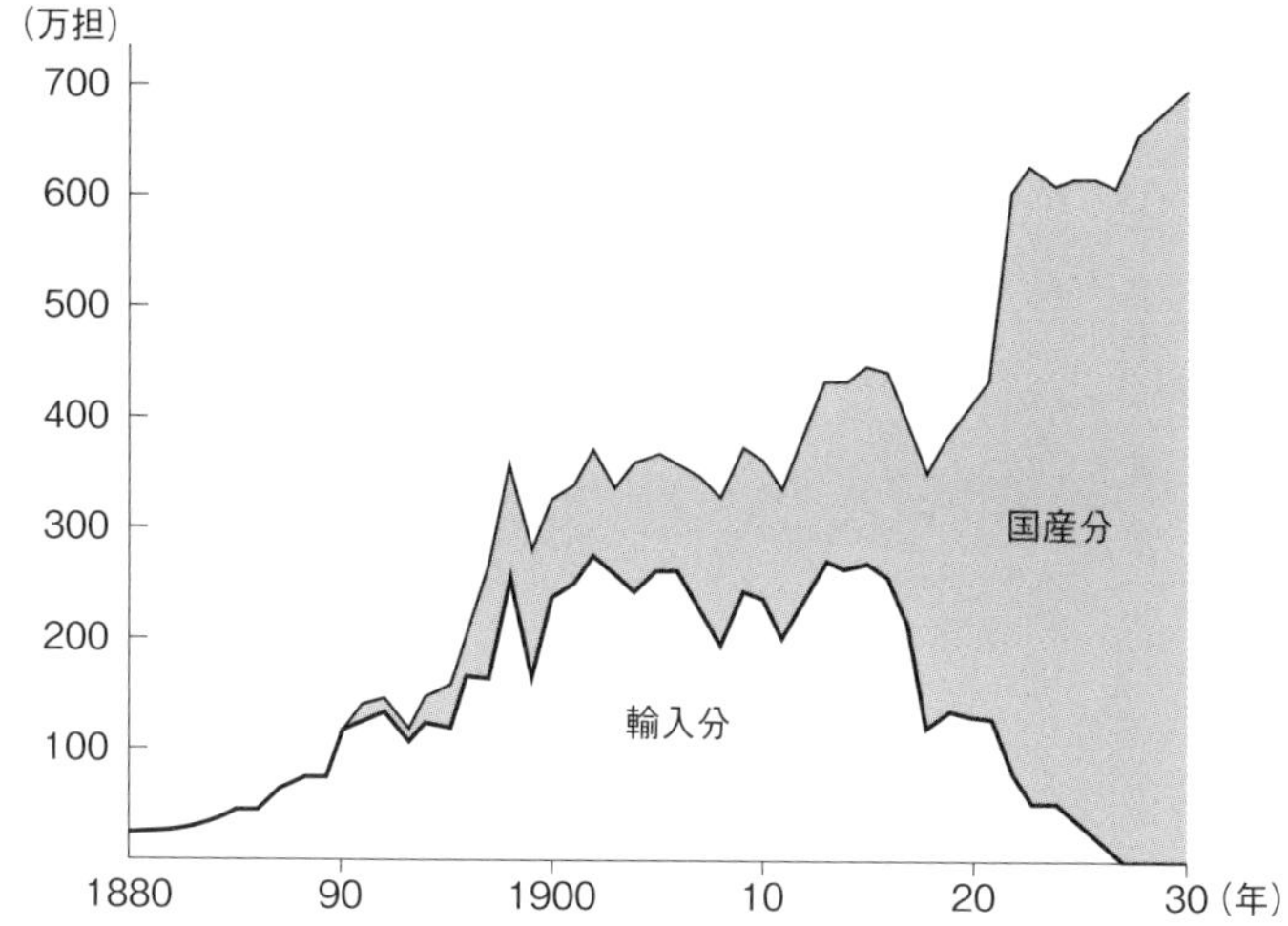

（出典）森2001。

アジア諸国の中で産業革命がもっとも早かったのは、日本ではなくインドです。イギリスの植民地だったので当然といえば当然ですが、特にボンベイ（現ムンバイ）のあたりでは、イギリス系の資本によって紡績工場が数多く建設されました。

そこで製造された綿糸は、主に中国市場向けでした。**図表7－5**でわかるとおり、一八八〇年代には中国の機械製綿糸の輸入量が急速に伸びています。その傾向は一八九〇年代も続きますが、ここで主な輸入元はインドから日本に変わります。ここでようやく日本も産業革命の時代に入ったといえるでしょう。

これには大きな理由があります。イ

ンドが通貨を銀本位制から宗主国のイギリスに倣って金為替本位制に移行したからです。すでに西洋諸国は金本位制で、それによって銀貨の価値は下落していました。インド製の輸出用の綿糸も、金建てに移行した分だけ、銀貨圏の中国向けは割高になります。一方、当時の日本はまだ銀本位制だったので、インド製に対して圧倒的に価格競争力を持つことができました。それを利用して中国市場に食い込み、インドのシェアを奪っていったわけです。

やがて一九〇〇年代に入ると、日本は工場ごと中国への進出を始めます。上海をはじめとする南方が主な拠点となりました。日本も一八九七年から金本位制に移行したため、日本企業の立場から見れば、日本製の綿糸を輸出しても高価になったからです。

中国の「産業革命」は日本が牽引した

中国で「国産分」が増え始めるのは、そのためです。日本から技術移転が行われたことにより、中国も自らの手で工場を建設し、紡績業を営むようになります。これを「民族紡《みんぞくぼう》」といい、中国の産業革命も、いよいよ本格化してきました。言い換えるなら、日本からの輸出・技術移転がなければ、中国の工業化・産業革命もありえなかったということでもあります。

一九一〇年代以降は、「輸入分」が減る一方で「国産分」が急速に増え、「民族紡」は「黄金時代」を迎えます。第一次世界大戦の勃発によって西洋諸国で金本位制が停止され、金の価値が下落して銀価が高騰したことが主な理由です。

当時の中国の外貨は銀であり、庶民の間では銅銭が使われていました。銀の価値が上がれば、相対的に銅銭の価値が下がります。つまり庶民にとって、銀貨で輸入された綿糸はきわめて高値となり、買いにくくなったわけです。一方、原材料となる綿花は国内産を銀貨で買えばより多く仕入れることができます。ならば、国内で綿花を調達して国内で綿糸を生産したほうが、より価格競争力を持てるはずです。

こうして「国産分」が増えましたが、それは必ずしも日本綿業の衰退を意味しているわけではありません。日本国内で生産・輸出をすると不利なので、工場の中国移転をいっそう加速させ、現地調達・現地生産を増やした結果です。これを「在華紡《ざいかぼう》」といいます。

一九二〇年代以降、市場の様相は一変します。第一次世界大戦を終えた西洋諸国が経済を復活させるにつれ、通貨も元の金高・銀安に戻ったのです。それは相対的に銅銭高となるため、綿花の価格が上がり、綿糸の価格は下がり、利益が上がらなくなりました。民族紡の「黄金時代」は、こうして終わります。

一方で、「国産分」はさらに増加します。その半分以上は、日本企業の中国生産によるものと考えられます。一九〇〇年以降の綿糸の供給量は、「輸入分」と「国産分」を合わせてほぼ四百万担（一担＝五十キロまたは六十キロ）で推移しています。このあたりが、中国在来の消費の限界だったのでしょう。

しかし一九二〇年代以降、その量は七百万担あたりまで倍増していました。その増加分は、新しい市場が開拓されたことを意味します。都市に住む富裕層をターゲットにした、しなやかな綿糸・薄手の綿布という高級品の市場です。ただしそんな製品を作れる技術を持っていたのは、在華紡だけ。民族紡は庶民向けの、安価な商品しか作れませんでした。つまり両者でマーケットを棲み分けたことになります。

いずれにせよ、中国の産業革命は工業化した日本の経済圏に入り、日本の企業活動に牽引される形で実現し、そして日中は不可分な経済的関係を有するに至ったのです。

第八章

アイデンティティの破滅へ

【大正時代〜昭和時代初期】

梁啓超という転機

二〇世紀以降、日中は経済とともに政治的な関わりも濃くなっていきます。それが、新たな対立の構図を生むことにもなりました。

前章にも述べたとおり、西洋諸国の進出や日清戦争によってショックを受けた中国内では、その反動のように国土・国民の一体化、つまりナショナリズムの思想が勃興します。そこから生まれてきたのが、近代化で先行する日本をモデルにしようという考え方で、その思想的・指導的な役割を果たすのが、当時日本に亡命していた開明派の政論家・ジャーナリストの梁啓超《りょうけいちょう》です（**図表8－1**）。

図表8-1　梁啓超

写真提供：Bridgeman Images／時事通信フォト。

梁啓超は「日本に来て日本語を読めるようになったことで、思想が一変した」と述べています。それまでのモノの見方・考え方がガラリと変わったというのですが、それは日本語の著述を通じて、多くの新しい知識を仕入れたからです。ただそれはもちろん、日本オリジナルの事物・概念ではありません。西洋近代の事物・概念を日本が輸入摂取し、それを翻訳した和製漢語によるものでした。たとえば「国民」「憲法」などは、この時期に日本から中国にもたらされた言葉です。

梁啓超はそんな新しい語彙と文体を駆使して、中国に本格的なジャーナリズムを興しました。「言論界の寵児」ともいわれています。主筆を務めた啓蒙雑誌『新民叢報《しんみんそうほう》』（一九〇二年創刊）は、若者や都市部のインテリ層の間で爆発的に広まりました。それだけ日本から学ぼうという気運が高まり、日本の概念が浸透したということです（**図表8-2**）。

その延長線上で梁啓超の橋渡しによって、日本に留学する若者も数多くいました。純粋な向学心だけではありません。実は一九〇五年に、これまで千年以上にわたって存続した官吏登用試験・科挙が廃止されました。登用に際しては、代わりに留学経験などのキャリアが重視されるようになります。では官吏をめざす若者にとって最も便宜な留学先はどこかといえば、距離的に近くて文字も共

図表8-2　新民叢報（創刊号）

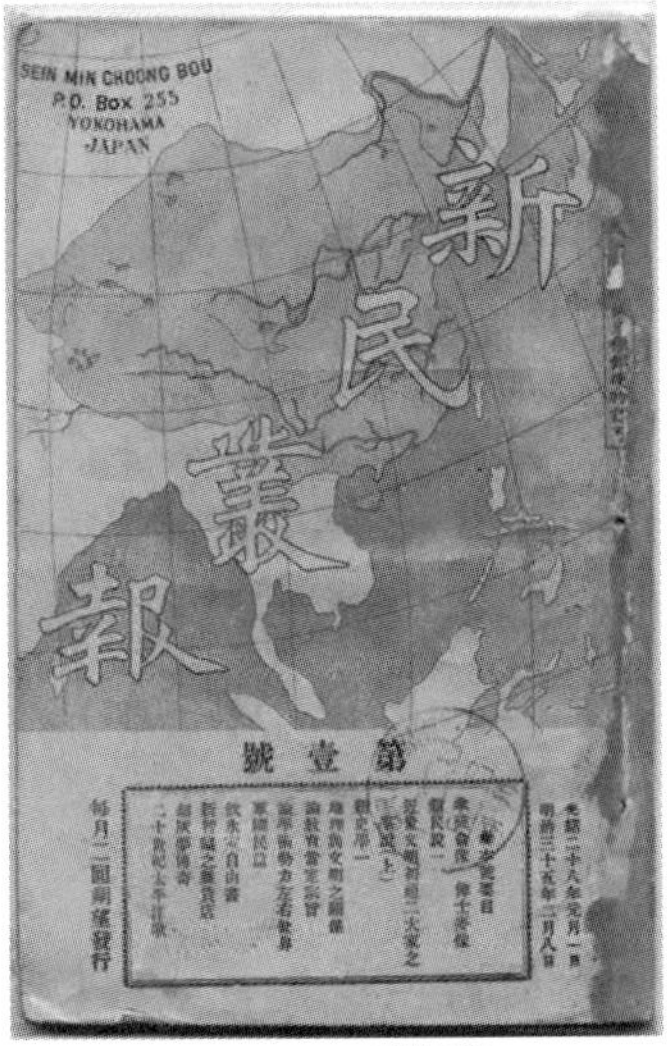

（注）中国の範囲。初期の『新民叢報《しんみんそうほう》』の表紙は、中国の範囲を赤っぽい色で塗って、領域を明示している。

通する日本ということになる。そこで彼らは、留学前に『新民叢報』を読んで懸命に勉強したのです。

日中関係は蜜月から新たな対立へ

いずれにせよ、日清戦争を経験したにもかかわらず、この頃まで日中の関係は比較的良好だった様子がうかがえます。

とりわけ象徴的なのが、一九〇八年に清朝が制定した「憲法大綱」です。立憲政治をめざしてつくった試案ですが、その冒頭には「大清皇帝は大清帝国を統治し、万世一系、永永尊戴《そんたい》される」とあります。つまり、日本の明治憲法とほぼ同じ文言で始まっていて、日本をモデルにした事情が一目瞭然です。

ちなみに「大清国」という国名は、建国以来のものですが、「大清帝国」という名辞は、一字違いながら、これまで存在したことがありません。第六章でも述べたとおり、「帝国」という中国漢語がなかったからです。にもかかわらず、ここに「大清帝国」と書き込まれているのは、「大日本帝国」に倣ったもので、「帝国」という和製漢語が、すでに中国でも一般的になっていたことがわかります。

この十年ほど前には、「大韓帝国」も発足していました。もっともそちらは、すでに「帝国日本」の保護国になっており、やがて併合に至ります。

ともかく、このような日本モデルを主導したのは、もちろん留学組です。そして皮肉なことに、彼らが末期の清朝に引導を渡すことになります。当時の日本には、政治的・思想的な叛逆者として、清朝から追い出された人材も多数いました。ほかならぬ梁啓超も、その一人です。彼らが留学組とつながり、清朝打倒の革命思想を広めました。その一派が、一九一一年の辛亥革命を先導し、中華民国を樹立することになるのです。歴史学界で「日本は辛亥革命の根源地」と称されるのは、そのためです。

ところがこれを境に、日本と中国の蜜月時代も終わります。日本側は日露戦争を経て、「満洲」の権益を手に入れた。一方、誕生したばかりの中華民国は、前章にふれた中国ナショナリズムを前面に出し、日本の進出に異を唱える。ここに、露骨な対立関係が生まれました。

その中華民国を支援したのが、アメリカです。中国の経済権益で日本と対立したことが一つの理由ですが、世界秩序の維持や道義的な観点からも、日本の中華民国に対する姿勢を看過できなかったようです。それに中華民国は共和国なので、仲間として取り込みたいという意識もあったのかもしれません。

中華民国が誕生した一九一二年は、ちょうど日本で大正時代が始まった年でもあります。元号の転換という節目とともに、日本は中国とも、その背後にいるアメリカとも、険しい関係になっていくのです。

中国の変革をめぐって

辛亥革命の発祥地は東京でした。清朝を倒そうとして追放された者、もしくは追われている者が日本に逃れ、それぞれに結社を作って地下運動とオルグを展開。中でも若者が中心となって東京で大同団結するようになり、一九〇五年に誕生したのが「革命」を志向する「同盟会」です。

ただし彼らは、同時期に日本で活動していた梁啓超とは対立します。梁啓超の一派が主張したのは、清朝を存続させたうえでの立憲君主制。つまり日本の明治政府と同じ形をイメージしていたのです。立憲派といわれます。

それに対して「革命」派がめざしたのは、清朝を打倒して、政権を奪回して共和政の政権を樹立することでした。ですので、この「革命」とは、王朝の打倒という旧来・オリジナルの漢語と、レボリューションつまり政体・社会の一大変革という和製翻訳漢語を兼ね合わせた意味を有しています。

両者はそれぞれ機関誌を出して論争を繰り広げます。梁啓超がほぼ一人で書いていた『新民叢報』に対し、革命派は『民報』を刊行しました。さらにわざわざ「号外」まで出して、意見の違いを強調しています。それによれば、『新民叢報』がめざしている立憲民主制とは実は異民族皇帝の専制体制の継続であり、もはやアウト・オブ・デートだ。一方、われわれが「革命」によって打ち立てるべき共和政とは、民族主義・民主主義にのっとった国民国家である、といった具合です。

それに対し、立憲派も国民国家・民主主義・憲政という点で、「革命」派とかわるところはありません。君主を推戴しないと国家統合ができないと見ての、君主制の主張です。つまり政体をめぐっては、君主の存否で両者鋭く対立したのですが、中国全体のありようとして国民国家を志向する点で、ほとんど違いはなかったのです。

彼らがそう考えるに至った背景には、移り住んだ日本社会から受けた影響も少なくありません。日本語の語彙で日本的な国民国家に日々触れているうちに、これこそ国家のあるべき姿だと考えるようになります。

とりわけ衝撃を受けたのは、政府と庶民が一体となっていることでした。歴史的にずっと官民がバラバラな中国とは、これが大きな違いです。ここから、彼らはナショナリズムの観念を習得し始めます。自国と外国を明確に線引きし、国民がアイデンティティを共有してこそ国家であると考えるようになるのです。

結局、一九一一年の辛亥革命は「革命」派に立憲派の一部が合流する形で始まります。これによって清朝は亡んで、翌一九一二年に共和政をしく中華民国が成立しました。新政府は南京に置かれるとともに、清朝皇帝についてはそのまま北京の紫禁城に居住させるなどの「優待条件」を付けたうえで、政治的な権力をいっさい剥奪します。

新たな中国と対日関係

一九〇五年からほんの十数年ですが、この間は中国の歴史上でも稀に見る大変革の時代でした。始皇帝の時代以来二千年以上も続いた皇帝制度そのものが消滅し、初めて共和政国家が誕生したからです。中国史上くり返されてきた王朝の交代ではなく、従来の政体そのものを作り替えようとするものでした。それなら、旧体制に溜まっていた膿みを除去し、歪みを正すものでなくてはなりません。むしろそのためにこそ国民国家の体制を選んだ、というのは、「革命」派も立憲派も論戦で主張していたとおりです。

その変化を象徴する言葉が「領土」です。これはもともと漢語ではなく、日本語として生まれました。しかし、先の梁啓超と「同盟会」との論争において頻繁に使われるようになり、その後「革命」派が天下を取ったことにより、そのまま中国の公用語として定着しました。言い換えるなら、中華民国になって初めて「領土」というものを、名実ともに強く意識するようになります。

しかしそうした一大変革は、けっして安定を意味しません。やはり洋の東西を問わず、「革命」には混乱がともなうのでしょうか。このとき、新政権は「臨時約法」という暫定憲法を成立させました。選挙を行い、議会を設置するなど、今日の中華人民共和国憲法よりよほど民主的な内容でしたが、これがかえって混乱の元になります。議論がまとまらず、内政・外交が停滞する事態を招きました。

そうすると、やはり以前の独裁政治のほうがいいという一派が台頭します。その代表格が、李鴻章の後継者で清朝の軍人だった袁世凱《えんせいがい》です。彼らは拠点を北京に置き、議会派の国民党に弾圧を加えたりしますが、混乱は収まりません。かえって国内外からの反撥が大きくなり、袁世凱は失意の中で亡くなります。

その後も軍閥抗争が激しくなるばかりで、政治は停滞したまま。ナショナリズムに目覚め、国家は一体となるべきとか、外国人を排斥すべきといった意見は沸き上がるものの、依然として国内はバラバラの状態で、国民国家の体制は何ら実現に至りません。こういう言行不一致も、一連の過程で露呈しました。

以上、長らく中国のことを述べてきたのは、こうしたプロセスにも、明治維新を遂げた日本との違いが明らかだからで、ひるがえって日本という国の特質も浮き彫りになります。

ただし中国が、新国家として一つだけ明確にし、以後も揺るぎなかったことがあります。対抗すべきターゲットを日本帝国主義に絞り込んだことです。これも以後の日本の歴史に決定的な影響を与えました。

新覇権国家アメリカが中国に進出

この時期、西洋でも地殻変動が起きていました。イギリスが経済的に凋落する一方、アメリカとドイツが台頭します。エネルギーは本格的に石炭から石油に移り、化学工業が勃興しました。

それにともない、国際政治の力関係も変わりました。アメリカが主導権を握るようになります。この世界の大きな潮流の変化は、動乱の中国にも少なからず影響を与えました。

たとえば学生の留学先にしても、従来は日本が主流でしたが、二〇世紀に入るとアメリカが増え始めます。きっかけは、一九〇〇年の「義和団事件《ぎわだん》」でした。反西洋、反キリスト教を掲げる秘密結社・義和団が蜂起して北京を占拠し、各所の教会や多数の外国人を襲撃します。これに対し、アメリカ、イギリス、ドイツなどの列強に日本も加わった計八カ国の連合軍が北京へ進軍して鎮圧。当時の清朝は各国に天文学的な額の賠償金を支払うことになりました。

ただし、さすがに清朝の支払い能力を超えていたため、アメリカの提唱で返金します。それもダイレクトに返すのではなく、教育資金として活用することにしました。中国国内にアメリカの学校を作ったり、アメリカ留学のための援助資金に充てたりするようになったのです。

たとえば今日も北京の名門校として知られる清華《せいか》大学は、この経緯で建てられました。もともとは、アメリカ留学を志す学生のための予備校だったのです。あるいは、アメリカ教育界の第一人者だった哲学者ジョン・デューイも中国に長期滞在し、アメリカ風教育カリキュラムのレクチャーなどを行っています。

その結果、中華民国の教育体制は、従来手本にしてきた日本型からアメリカ型へ置き換わっていきました。あるいは教育にかぎらず、それまで圧倒的に強かった日本の影響力は、しだいにアメリカに奪われていきます。その動きは、ちょうど中華民国内における排日の動きと軌を一にしていました。

中国ナショナリズムの昂揚

アメリカの台頭と日本の転機となったのが、第一次世界大戦でした。ヨーロッパ各国が疲弊し、また金本位制の停止による為替の大幅変動で経済的にも混乱する中、日本は火事場泥棒的に中国権益の拡大に動きます。袁世凱政権に対していわゆる「二十一カ条要求」を提示し、山東省のドイツ権益の継承や「満洲」の権益の確保などを求めたのです。

袁世凱政権は、この要求を不当として国際輿論《よろん》に訴えます。それによって日本はアメリカやイギリスの不興を買い、譲歩を迫られます。一方の袁世凱政権も日本の圧力を跳ね返すほどの力はなく、第一次世界大戦のさなかの一九一五年に要求を受諾しました。

その詳細を見ると、客観的にはそれほど理不尽な要求でなかったかもしれません。しかし、これが中国ナショナリズムに火をつけ、特に排斥のターゲットを日本に絞る契機になりました。日本が最後通牒を突きつけた五月七日と袁世凱政権が受諾した五月九日は、ともに「国恥《こくち》記念日」として記憶され、デモや集会・ストライキ等が開かれることが年中行事になりました。十年ほど前にも大規模で暴力的な反日デモが起こりましたから、なおその火種は残り、くすぶり続けていることがわかります。

その後、「二十一カ条要求」は一九一九年のパリ講和会議で議論され、その大筋が国際的に認められました。これに反撥した中国の知識人をはじめ、広汎な人々が激しい抗議デモを展開します。五月四日に始まったことから、「五・四運動」といいます。その勢いに押されるように、時の中華民国政府は同会議の参加国が締結したヴェルサイユ条約への調印を拒否しました。

この運動の主なターゲットはもちろん日本ですが、それだけではなく、さらに「反帝国主義」も掲げるようになりました。それが、その後の運動のスタンダードになります。

そこに乗じ、中国側に荷担したのがアメリカです。本来なら帝国主義の一翼のような存在のはずですが、当時のウィルソン大統領が掲げる「民族自決」や「新しい自由」といった方針が、強権から公理への変化という期待を込めて、中国をはじめ東アジアで受け入れられました。また一九二一〜二二年には「ワシントン会議」を主導し、国際的な枠組みで日本の中国・東アジア進出を露骨に押さえ込みにかかります。

つまりアメリカは、これまでの経緯をまったく無視して新しい秩序をアジアに持ち込もうとしたわけです。中国にとって、それは好都合でした。国内の政情は不安定でしたが、外交的にはアメリカを味方につけることで、日本と対峙できたのです。言い換えれば、それだけ日本政府の外交が下手だったということでもあります。

この状況は、一九三〇年代まで続きます。その間、日中の対立はより尖鋭化しました。中国では民族主義がいよいよ勢いを増し、「国民革命」が起こります。一九二〇年代末から蔣介石《しょうかいせき》に率いられた国民革命軍がいわゆる北伐を開始。広東から軍閥を打倒しつつ北上していきました。

彼らにどう対処するかが、日本外交の大きな課題となりました。そしてどうやらその課題にとりくむべき装置・手段を、明治維新で生まれ変わった日本は、持ちあわせていなかったようです。その方策をめぐって政府と軍部の対立は深まり、やがて国制そのものにも影響して、軍部の独走を招くことになるのです。

石橋湛山の「小日本主義」

ところで、当時の日本の国号は、江戸時代末期以来の「大日本帝国」のままでした。帝国と名乗っていても、明治中期までは虚勢を張った印象でしたが、日露戦争を経て本格的な「帝国」へと変貌します。日本は植民地を有したのみならず、「大陸国家」として日本列島と異質な中国大陸にも権益を持つようになったからです。新たな国家経営の手段を模索する必要がありました。そこでは当然、日本を露骨に嫌う勢力との対峙対決、つまりは帝国主義の実践も避けられません。

その難しい状況で日本はどういう道を進むべきか、一九二〇年代から三〇年代にかけて、為政者、エリート、知識人などの間でさまざまな議論が噴出しました。かつて福沢諭吉が説いたとおり、日本は西洋文明を受け入れて近代国家への道を邁進してきましたが、それによってアジアとの関係は悪化しました。このままでいいのか、それとももっとアジア本位で考えるべきかで議論は分かれます。あるいは列島以外の領土や権益をどうするかについても、さまざまな意見が噴出しました。

そこで際立っていたのは、ジャーナリストで戦後には総理大臣にも就任する石橋湛山《いしばしたんざん》の議論でしょう。「小日本主義」を提唱し、「一切を棄つるの覚悟」こそ必要と説きます。まだまだ経済力の弱い日本が植民地を持つことはかえって不利益であり、列島だけで十分。権益は手放し、植民地は独立させ、主にアメリカ、イギリスと自由貿易を行ったほうが利益は大きいということを、具体的な統計数字とともに示しました（図表8－3）。

理路整然と反帝国主義を説いたわけで、今日から見ればきわめて説得的で、真っ当な議論です。実際、戦後の日本はこのとおりの道を歩んで急速な復興を遂げます。そのため石橋は戦前の日本で、ひとり誤りを犯さなかったと高く評価されました。しかし当時まったく受け入れられなかったのも事実です。なぜでしょうか。

石橋の議論を支えるのは計量的な経済データで、そこに説得力の源泉がありますが、同時に欠けていたのは、すでに経済のみならず、軍事・社会・文化の上でも、中国と切っても切れない関係にあったという視点です。日本列島の安危に関わる朝鮮半島と「満洲」の地政学的な一体性、にもかかわらず高まる排日・反日という各地の情況を安全保障上どう見るのか。またそうした政治軍事的な利害と相反するかのように、当時の中国経済は在華紡や日本製品に対する需要・依存が高まっており、そうした中国側からの日本とのつながりは数値には表れてきません。当時の日本が中国にコミットした以上に、中国も利害相半ばして日本を離してくれなかったとみることができます。そうした情況を考えあわせれば、石橋の議論が非現実的な空論として聞き流されてしまったのも当然です。

図表8-3　石橋湛山

写真提供：東洋経済新報社。

「アジア主義」の時代へ

代わりに主流だったのは「アジア主義」。欧米の帝国主義が主導するアジアではなく、アジア自身がアジアをまとめていくということで、そのなかで唯一欧米と肩を並べる日本こそ、アジアの盟主であると自認するものです。ところがそこでは、軍事的な優位以外に根拠が不明な上、具体的に何をすべきという主張も定まっていません。

もちろん東西の思想を援用して「主義」そのものは議論されていきました。しかしその言動の根柢には、排日・反日の気運が高まる中国に対する日本人一般の蔑視があったことは否めません。国民国家になれない、条約を守らない、当時の国際標準、国際ルールにのっとれない国とみなし、その悪弊を指導矯正するというような気分に満ちていました。そこでいかに美辞麗句を並べても、中国をはじめアジア各国にとっては、西洋に代わっただけで、侵略の野心を糊《こ》塗《と》する白々しい主張にしか聞こえなかったはずです。

たとえばその一つに、中国革命を主導した孫文《そんぶん》が晩年の一九二四年に日本の神戸高等女学校で行った講演があります。一般に「大アジア主義演説」と呼ばれるもので、日本人に対する遺言という位置づけがなされています（**図表8－4**）。

その中の有名な一節が、「日本は西洋の手先になって東洋をいじめるのか、それとも東洋の

図表8-4　孫文・神戸高等女学校にて

最後の牙城になって西洋から守るのか」です。
実はこの部分は講演で述べたものではなく、後で文章化した際に書き加えたらしいのですが、それはともかく、日本にアイデンティティの選択を迫ったわけです。
　ちょうどこの年、中国では孫文が率いる中国国民党と中国共産党の間で「国共合作」が成立し、「国民革命」が始まりました。この後、孫文の後継者である蔣介石が、先に述べたとおり北伐を行うことになり、やがて英米の支持を得て、国民政府を打ち立てます。そこで今度は具体的に実際の行動で、日本の選択を迫るに至るのです。
　そうしたなか、日本は結局アイデンティティを定めることができないまま、なんとなく強硬路線が肯定され、アメリカに追い詰められて戦争に突き進まざるを得なくなるのです。

「日本排斥」に意味はあるのか――梁啓超の慧眼

アメリカに煽られたという意味では、中国も同じです。先述のとおり、日本のアジア進出を阻止するという点で利害関係が一致していました。ただし孫文や蔣介石は、知日派でもあります。だから孫文は前述のように日本で講演を行ったり、蔣介石は後述のように満洲事変で宥和的だったりしたわけです。

しかしその後、中国の民族運動の高まりとアメリカの強力な後押しにより、そういう配慮が入る隙も失われました。日本に対する排斥運動や反帝国主義運動が、いっそう激しくなっていきます。

そんな中国の状況をやや斜に構えつつ冷静に観察していたのが、前出の梁啓超です。すでに五十代で、言論界の重鎮のような存在になっていましたが、たとえば「国恥記念日」に毎年行われる盛大なデモについて、「十年目の『五七』」というコラムで「一種の興奮剤」と断じ、以下のように述べています。

「『教育権を回収せよ』『資本主義を打倒せよ』『帝国主義を打倒せよ』、これらは近ごろはやりの言葉で、民主運動の格好の旗印である。これらの旗印の本質が正しいかどうか、弊害がないかどうか、今はひとまず問わないが、「倒すだけの力がわれわれにあるのか」「どうやって倒すのか」と尋ねる者に対して、「議論は無用」と言って、「やってしまえ」と声を張り上げる。声の張り上げ方が足りなかったり、遅かったりすると、それだけで公敵呼ばわりし、言葉の威勢の良さばかりを見て、実行の難しさを考えることを許さない。十数年来のいわゆる民衆運動なるものは、とどのつまり、いつもこんなことの繰り返しではなかったか。」(梁啓超二〇二〇)

要するに、先の辛亥革命時と同様、言行不一致ではないかと批判したわけです。政治的には愛国主義やナショナリズム、それに日本排斥を声高に訴えましたが、経済面や文化面において日中は緊密な関係にありました。特に貿易において、双方ともに多大な恩恵を受けている。そういう事実を無視して日本を叩くことは、かえって自分の首を絞めるだけだと説いたのです。つまり当時の日中は、典型的な「政冷経熱」の関係でした。冷静に利益を考えるなら、政治を抑えて経済に重きを置いたほうが得策ということを、中国の知識人も指摘していたわけです。ところが結局、日本の政治的な強硬姿勢に呼応するように排斥運動が高揚し、戦争の道を歩むことになります。蔣介石も全面戦争までは想定していなかったし、できれば避けたいと考えていたはずですが、もはや止める術はありませんでした。

「王道楽土」「五族協和」という空虚なスローガン

日本にとって喫緊の課題は、中華民国の国民政府にどう立ち向かうか、ということです。国共合作による国民革命を機に、アメリカが支持したのみならずイギリスも譲歩して、国民政府を支持するようになりました。しかし日本にその余裕はなく、とにかく権益を守るため、対決するしかなかった。一九三一年に満洲事変を起こし、翌一九三二年に「満洲国」の建国に至ってしまいます。

このとき、「満洲国」が掲げた二つのスローガンは、米英仕込みのナショナリズムや中国の民族主義のイデオロギーに真っ向から対立するものでした。一つは「王道楽土」。言葉の具体的な意味内容は、杳《よう》として不明ですが、要するに欧米的な帝国主義国家・中央集権国家ではないということです。

そしてもう一つは「五族協和」。実はこれには〝原典〟があります。少し前の辛亥革命の時代、孫文などの「革命」派が掲げたスローガンが「五族共和」でした。チベット人、モンゴル人、ウイグル人、満洲人、そして漢人の五大民族が「中華民族」として一体になって、中華民国を建設しようということです。ただし実際に「革命」政府が進めたのは、漢人に他の四民族を同化させることでした。余談ながら、その方針を今日の習近平《しゅうきんぺい》政権も踏襲していることは周知のとおりです。

一方、日本が立ち上げた「満洲国」の場合も、もともとモンゴル人、漢人、満洲人、朝鮮人がいて、そこに日本人が加わって五族になります。そのすべての民族の協力が必要だという意味で、「五族共和」をもじって「五族協和」を掲げました。もちろん日本人が主導権を握ることは明らかでしたが、とにかく民族主義を掲げる中国に対するアンチテーゼだったわけです。

もし日本の大陸進出が「満洲国」だけで終わっていたら、蔣介石もそれなりに宥和的でしたので、まだ何らかの手打ちが可能だったかもしれません。あくまでも政治的な権益争いであり、それとは別に経済的な協力関係が保たれていたからです。満洲事変を主導した石原莞爾《いしはらかんじ》も不拡大を唱えていたし、蔣介石も望んでいたことだと思います。ところが日本の軍部や、中国でも共産党や張学良《ちょうがくりょう》など、けっして手打ちを許さない一派が勢力を持ち、全面戦争へと拡大していくことになりました。

「帝国」と「皇国」の破局

その契機となったのが、一九三七年の第二次上海事変です。一人の日本軍人が上海で射殺されたことを受け、日中双方が軍隊を派遣し、大規模な戦闘に発展しました。日本軍はそこから戦線を拡大し、首都南京を攻略。南京は蔣介石のお膝元でもあったため、中国側としてももはや妥協の余地はありません。その後の戦争の泥沼化は、周知のとおりです。

日本は大義名分として「大東亜共栄圏」の構想を掲げて太平洋地域にも進出しました。その本質は「皇国」化でしょうか。これは「王道楽土」「五族協和」、あるいは「大東亜共栄圏」とともに生まれたスローガン「八紘一宇《はっこういちう》」とも連関したものです。

「大日本帝国」になって以来、その意味を政府は国民に向けて「皇国」であると説明してきました。つまり天皇が君臨統治する国です。「大東亜共栄圏」とは、単に武力で制圧するだけではなく、日本がアジアを自国のように欧米の帝国主義支配から解放するという名目で、「皇国」をアジアに拡大することを指します。だからアジアの各地に神社を建て、日本語の学校を建て、現地の人々を「皇民」、つまり日本人にしてしまおうとしたわけです。

ところが、当然ながらその方針を支持する国家は皆無でした。「王道楽土」「五族協和」「八紘一宇」等々といろいろな言葉を編み出したものの、いずれも空虚で、相手を納得させられる合理的な説明にはならなかったのです。日本という存在に特別な価値を持たせ、それを押し付けることでしかアジア各国と渡り合うことができなかった。その尊大な姿勢が、必然的に「皇国」をも「大日本帝国」をも破局に導いたのでしょう。

アジア各国の中には、むしろ日本の圧力を利用して利益を得たところもあります。また日本や日本人も多大な被害を受けました。その点を捉えて、戦前・戦中の日本を辯護または擁護する意見も少なからずあることもわかります。とはいうものの、もっと根本的なアイデンティテイ、それに基づくアジア各国との接し方に破綻の根源があったことは間違いありません。

「一体化」日本と「多元共存」中国の相剋

では、日本はどこで道を間違えたのか、ざっと整理してみたいと思います。

先に見たとおり、「大日本帝国」の称号は江戸時代末期からありました。当初は、単に「エンペラーを戴く国」という程度の意味でした。ただし日本の場合、ややこしいのは「天皇《ミカド》」と「大君《タイクーン》（将軍）」という二人の「エンペラー」がいたことです。西洋近代にならった国民国家を形成し、国際関係を構築し、文明開化を推し進めるうえで、これは明らかなマイナスでした。つまり二者択一を迫られたわけです。

そこで、天皇に一本化しようと決めたのが明治維新でした。すでにふれた竹越与三郎の代表的な同時代史『新日本史』には、以下の記述があります（図表8－5）。

「日本の国家此《ここ》にありと叫ばるるや、皇位は忽《たちま》ち政治的の性質を帯び、大革命の後は、全く宗教的、家族的の性質を脱して、純然たる国家人民の化身せるものとなりし」

もともと天皇は単に神主的な存在でしかなかったのに、日本人民がナショナリズムに目覚め

図表8-5 『新日本史』の本文

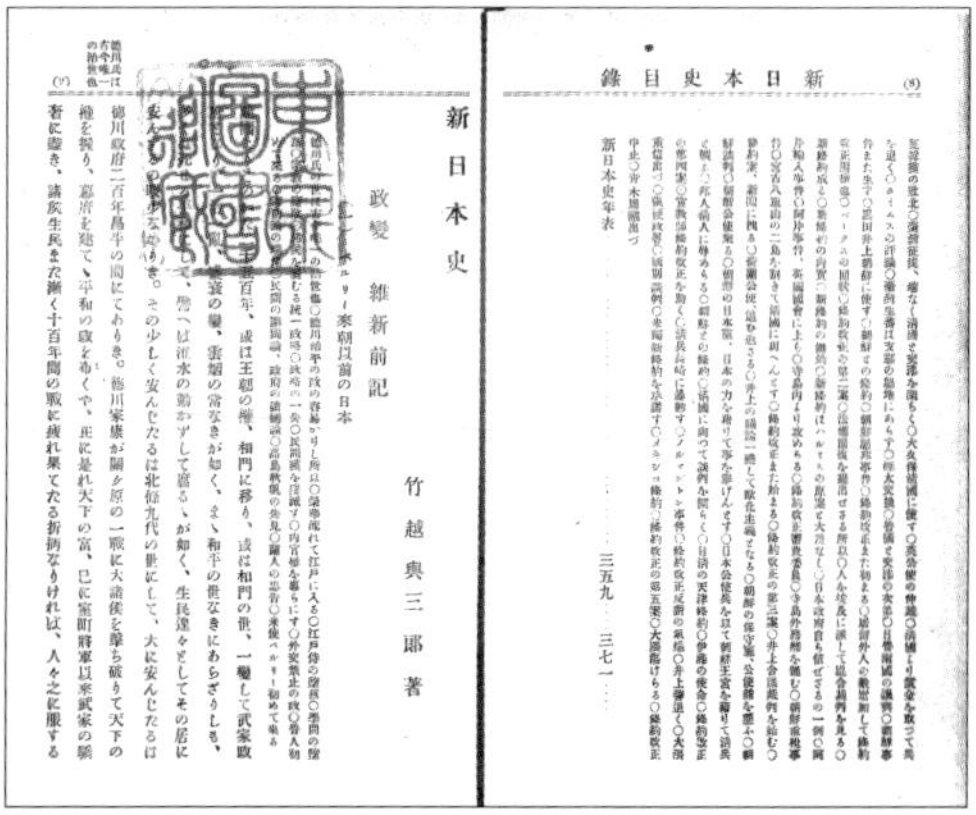
新日本史目錄 (8)

新日本史年表 三五九―三七一

新日本史

政變 維新前記

竹越與三郎著

ペルリー來朝以前の日本

德川政府二百年爲平の間にてありき。德川家康が關ヶ原の一戰に大諸侯を撃ち破りて天下の

權を握り、幕府を建て丶平和の政を布くや、

奢に慣き、諸侯生民また漸く十百年間の戰に疲れ果てたる折柄なりければ、人々之に服する

写真提供：国立国会図書館デジタルコレクション。

た瞬間から、それを体現する存在に変わった、ということです。少なくとも明治維新当初における「大日本帝国」の「帝国」とは、要するに「天皇を中心に一体化した国民国家」程度の意味だったと考えることができます。

一方、同時代の清朝は、まったく一体化していない多元共存の社会でした。それぞれの地域で各自勝手に暮らす集団や集落が、緩やかにまとまっている状態です。そのため、一個に凝集した国民国家が並列することで成り立っている西洋ベースの国家体制・国際秩序には、そもそも適応が難しかったのです。

その点、日本はもともと一体でした。だから同じアジアに位置する国でありながら、近代化・国際秩序に対応しやすかったわけです。むしろ西洋に追いつこうと必死に模倣したので、いっそう従順だったともいえます。その分、清朝をはじめとする東アジアの体制と折り合いが悪くなるのは必然でしょう。

そこで福沢諭吉風に言えば「脱亜入欧」が国家の方針となり、東アジアとは袂を分かちます。

そのあげく、朝鮮半島の地位をめぐって矛盾が生じ、ついに激突に至るのが日清戦争です。

後世の賢しらな後知恵で考えれば、この戦争での大勝が、その後の日本を誤らせたのだと思います。これを機に、日本は列島だけで凝集する体制から「大陸国家」へと大きく舵を切りました。朝鮮半島や中国大陸を支配する帝国主義国家、「帝国日本」に生まれ変わろうとしました。日本列島が経験したことのない未曾有の事業です。

「脱亜」「脱欧」という矛盾を抱えて

二〇世紀に入り、そんな事業に取り組むうち、「大日本帝国」／「帝国日本」が最終的に行き着いたのが、「亜細亜主義」「王道楽土」「八紘一宇」等々のスローガンです。

当時、西洋的な統治システムや国際秩序は、世界的に限界点を迎えていました。それを端的に示したのが第一次世界大戦であり、その後の大恐慌でした。その反動として起きたのが、社会主義革命です。

その影響は、日本にも及びました。マルクス主義や、その前段としての社会主義が広く流布して力を得ます。それを象徴する人物が、ジャーナリストの橘樸《たちばなしらき》です（図表8－6）。中国に長く滞在した社会研究家でもあった彼は、魯迅に「中国人より中国のことをよく知っている」とまで評されました。

図表8-6　橘樸

（出所）岡本2018［b］。

その橘が唱えたのが「王道楽土」。やはり西洋のシステムや近代そのものに失望し、「満洲国」に理想的な体制を実現しようと考えて編み出したのが、このスローガンでした。そこに世界大恐慌のような追い打ちがあって、いよいよ西洋に絶望した橘は、「満洲国」のイデオローグのような存在になるのです。

あるいは、少し後の時代を生きた中国文学者の竹内好《たけうちよしみ》も、戦後、先の戦争は反帝国主義の側面があったと分析しています。行き詰まった西洋的近代を乗り越えるには、アジアが団結する必要があったというのです。

つまり、当時の日本は主観的には、西洋流の帝国主義を模倣したのではなく、むしろまったく逆の方向を向いていたのです。いつの間にか「脱亜入欧」からいわば「入亜脱欧」へ、一八〇度の方針転換を図ったと考えられます。

ところが、日本はもともと凝集型の国家です。そんな日本がいくら「亜細亜主義」や「王道」といったスローガンを掲げても、福沢のいう「儒教主義」の異質なシステムが抜きがたい朝鮮半島や中国大陸を統治できるのか、そのノウハウを持っているのかという根本的な問題を抱えていました。

「脱欧」はしてみたものの「入亜」ができず、「脱亜」のままだったとしたら、もはや唯我独尊の道を歩むしかありません。そこから、先ほど述べた「皇民」化政策の発想が生まれます。とにかく全員を日本人にしてしまえば統治できるはず、というわけです。結局、日本にとってこの戦争は、中国を含めた対外関係の破局であると同時に、自らの対外的なアイデンティティの破綻でもあったように思います。戦前・戦中を通じて露呈したのは、西洋にもアジアにも属せない、という史上たどってきた日本の履歴に背く結末でした。

一方、同時期にまったく逆のプロセスをたどったのが中国です。もともと「華夷秩序」の国であり、多元共存、士庶《ししょ》乖離の構造を持つ社会でした。要するに官民一体の日本とは対蹠的にバラバラだったわけです。

しかし二〇世紀に入り中華民国を建国したあたりから、国民国家化をめざします。その成功例としてモデルにしたのが日本ですが、社会構造が根本的に違う以上、うまく行かないことは明らかでした。だから梁啓超が批判したように、反帝国主義を唱えながら行動がともなわなかったり、反日・抗日運動によってかえって中国経済界が打撃を受けたりといった矛盾に直面することになります。

日本が脱亜・脱欧でアイデンティティを喪失したまま戦争に突入したとき、中国はナショナリズムと社会構造との〝ねじれ〟を抱えたまま日本と戦っていました。ベクトルは逆向きですが、互いに社会に矛盾を内包していたという意味では共通していたといえるでしょう。そこに日中が戦わねばならず、そして勝敗こそあれ、ともに悲惨な戦後を迎えなくてはならなかった歴史的要因があろうかと思います。

「国民帝国」論は日本に当てはまるのか

明治の「開国」から昭和の「大東亜共栄圏」に至るまでの「大日本帝国」のプロセスを説明するものとして、「国民帝国」論と呼ばれるものがあります。歴史学者・政治学者の山室信一《やまむろしんいち》が提起した学説です。

一つの国民国家（ネーション・ステート）が存立していくには、他地域を支配する「帝国」にならざるを得ない。国民国家はそんな矛盾を抱えている。それが、もともと西洋史上にあった「国民帝国」論の骨子です。本来ならワンネーション・ワンステートで成り立つべきところですが、歴史上そういう形の国民国家が存在したことはありません。ステートの外に植民地を抱えることで、初めて成り立ちました。

これには、合理的な理由があります。本国外に植民地を持つことで、本国に対する地政学的な防波堤にしたり、経済的な利益を得たりできます。それによって本国の政治・経済運営が安定し、結果的に国民国家になっていくというわけです。

その観点で日本を見ると、たしかに「国民帝国」への道をたどった感があります。日清戦争を経て一八九五年に台湾を領有して以来、韓国併合や「満洲国」の建設など、西洋を模倣して植民地を拡大し、「大東亜共栄圏」の構想を掲げるに至りました。またその経営を成り立たせるため、法の下の一元化を図ろうとします。山室先生の所説を借りるなら、「異法域」の植民地を「同一法域」にしようとしたわけです。これは、近代日本がめざした西洋化そのものです。

ところが、その経営がうまく行かなかった。日本が導入しようとした法律と、植民地にもともとあった法律や慣習が合わず、現地の人々の反撥を招いたというのが、山室説の見立てです。植民地経営に失敗したから、「国民帝国」への道も頓挫し、したがって日本は国民国家として破綻した、というわけです。たいへんクリアで納得できる説明だと思います。

しかし、それだけではないようにも思います。ここまで述べてきたとおり、日本は植民地を持たない江戸時代以前から凝集した「クローズドシステム」で、基本的にずっと「ワンネーション・ワンステート」の国民国家に適応できる素地を有していました。アイヌや琉球が植民地だったという見方もできますが、明治以降の朝鮮半島や中国大陸の植民地化とは明らかに意味が違います。その時点で、西洋流の「国民帝国」論とは別の独自性を持っていたのです。

その後、日本は西洋を模倣して植民地を持ち、形の上では「国民帝国」になります。しかし、もともと列島だけで一体化していた国家なので、植民地の扱いに苦慮します。しかもその植民地はアジア流の多元共存社会であり、一体化していた日本とは政治・経済・社会の構造自体が異なっていました。その構造を律するのが法だとすれば、「法域」云々の前に、「法」そのものの概念が違っていたのです。だから、日本持ち前の一体化は通用しません。少なくとも日本は、そうした植民地を統治経営するノウハウを十分に獲得できなかったのです。

そのまま戦争が始まると、日本が苦肉の策で着手したのは、植民地に一体化を強要することでした。それが、現地の人を日本人にする「皇民」化です。それもうまく行かず、敗戦を迎えて「帝国日本」自体が解体しました。

つまり着目すべきは、西洋的な「国民国家」＝「国民帝国」のあり方ばかりではありません。日本の「一体化」体質と植民地化したアジアの「多元共存」体質の差異のほうがいっそう重要だと思います。それを閑却していたことこそ、近代日本のたどった悲劇の元凶だったのではないでしょうか。日本は自国と東アジアの歴史を知らぬところから、その報いを受けたわけです。

結

現代への展望

「帝国」の興亡

本書の目的は中国史・世界史のひろがりの中で、日本とその歴史を体系的に捉えなおすことでした。ただ振り返ってみると、とりわけ江戸時代から近代にかけての時期を重点的に書いてきたように思います。筆者の専門が近代アジア史であるという事情もありますが、この時代が今日の日本の位置づけに直結していて、それを知る上で特に重要と考えられるからです。

江戸から近代にかけて世界に対した日本のありようをひと言で表現するなら、「大日本帝国」というに尽きます。江戸時代末期、日本人は自らを対外的には「帝国」と、また国内的には「皇国」と定義しました。ただそれは当初、日本人だけが凝集し「天皇を中心に一体化した国民国家」という程度の意味であり、われわれが普通にいう帝国主義・帝国論などの「帝国」ではありません。

その名称は近代に入っても継承されましたが、規模・内容は変わっていきます。日本は日清・日露の予期せぬ戦勝を通じて、やがて図らずも「帝国日本」へ、つまり列島だけで完結せず、半島を植民地化し、大陸に巨大な権益を有する国家、名実そなわる「帝国」へと変貌しました。それは日本史上未曾有の事態でしたから、日本人は従来の歴史に背反する自己変革に直面して、ずいぶんな無理を強いられましたし、同時に多くの外国人をも巻き込むことになっていきます。

そのような無理矛盾に対する試行錯誤を積み重ねた末に起きたのが、先の日中戦争・太平洋戦争でした。その敗戦によって「帝国日本」は挫折、破綻し、ひいては「大日本帝国」そのものも破滅・解体したことは、周知のとおりです。

そして戦後、「象徴天皇制」の形で、英語のいわゆる「エンペラー」は存在し続けますが、日本はすべてを手放して「帝国」でも「皇国」でもなく「日本国」として再出発します。世界標準の言い方をするなら「立憲君主制」の国家として生まれ変わり、今日に至っているわけです。

「帝国日本」から「日本国」への変化は、日本人だけの凝集構造によるネーション・ステート（国民国家）への回帰でした。いわば「大日本帝国」以前の振り出しに戻ったわけですが、言い換えるなら真面目《しんめんぼく》への回帰でもありました。その意味合いは内外それぞれにあるかと思います。

「エンペラー」から「象徴天皇」へ

その一つが、天皇ないし主権者のあり方です。国内中央の権力構造と言い換えてもよろしい。江戸時代まで、日本には朝廷の天皇と幕府の将軍という二人の君主がいました。当時の外国人はこれを整理し、天皇を「宗教的皇帝」、将軍を「世俗的皇帝」と定義します。実務に手をつけないことで、崇高で汚れのない権威として君臨する天皇と、その代わりに〝汚れ仕事〟まで一身に引き受ける実務的な政治リーダーとして統治を行う将軍という位置づけです。

ただ、これは江戸時代にかぎった話ではありません。武士の時代はもちろん、さらに歴史を遡れば平安時代には摂関政治がありました。あるいはそれ以前も、天皇とは別に政治の担い手がいるのが常でした。それが日本の伝統的歴史的な、いわば本質に根ざした統治体制だったのです。

ところが近代以降の「大日本帝国」および「帝国日本」では、天皇を明らかに外国流の「エンペラー」として、統一的な主権者に祭り上げました。日本の歴史上かなり異質な、無理のある体制を築こうとしたわけです。案の定、それが統帥権などの構造問題を引き起こし、日本を破滅の道へ導くことになりました。

そこで戦後、天皇はあらためて「象徴」と定義され、政治とは一線を画すことになりました。江戸時代以前の統治体制に回帰したわけです。

では「象徴」とは何か。実は当時から今日まで、日本人はこの問いに対する明確な答えを出してきませんでした。したがって、その下で政治などの〝汚れ仕事〟を担う人々と天皇との関係も明確ではありません。あるいは昨今、女性天皇・女系天皇による皇位継承の是非をめぐる議論がなかなか決着しないのも、そもそも「象徴」の位置づけが定まっていないからではないでしょうか。

それでもどうやら、悪いことばかりではなさそうです。戦後の日本は天皇と政治リーダーとの重層構造によって安定的に運営されてきました。むしろ「象徴」の意味が明確に決まらなかったからこそ、それぞれの地位が不安定ながら、構造の全体はかえってずっと安定してきたと言えるかもしれません。

それは歴史的にも、そうです。摂関にせよ、朝幕にせよ、天皇と政治リーダーとの間の関係が厳密に定まっていた史実など、ほとんど存在しません。このあたりが、外国史ではあり得ない、現代史を含めた日本史の大きな特徴だと思います。

曖昧なことに無自覚のままでは、全体が見えずに弊害に陥る可能性もありますので、そこは注意が必要です。曖昧だった史実の得失を十分に意識し、目前・全体の安定をはかっていくのがよいのではないでしょうか。

「上等舶来」という本質への回帰

もう一つ、回帰という意味で特徴的なのが「上等舶来」の意識・思想・言動です。

日清・日露から戦前・戦中にかけて、中国への蔑視がひろまり、さらに「皇国史観」の絶対化とともに「鬼畜米英」がスローガンとして流布しました。とにかく日本は「神の国」であり、中国・米英をはじめ外国の価値観はいっさい認めないという姿勢です。しかしこれも歴史に背いて、日本としてはたいへん無理をしていた、もしくはさせられていた状況の徒花でした。

そもそも日本語という母語の表記がそうです。漢字・カタカナ・ひらがな、あるいはローマ字や横文字が象徴するように、文字からして日本は、外国から入ってくるものを崇め奉り、一生懸命に土着化させてきました。そうすることで安定するのが、歴史的に一貫するスタンスです。戦後は中国蔑視・「鬼畜米英」をあっさり放擲《ほうてき》し、あらためてその本来の姿に戻ったわけです。

とりわけ中国は、日本にとって古代からもっとも崇め奉るべき大国であり、世界そのものでした。そこに変化が現れたのは江戸時代になってからでした。日本人としての自覚が生まれ、国学が流行して日本尊重のような思想が台頭しました。ただそれも、中国の対抗軸として蘭学のような西洋の文化・学問が流入したことがきっかけです。その異質さの反動として、自らの文化社会に目を向けるようになったのです。

江戸時代に起きたこの中国から西洋への転換は、今日まで連綿と続いているように思います。それを如実に物語っているのが、現行の教育課程でしょう。明治・大正期までは、漢文の授業が多くありました。ところがその後は減少し、日本人は漢字・漢文の素養を急速に失っていきました。今やほとんど絶滅危惧種です。その代わり、急速に増えたのが英語の授業です。

ただし外来の文化・学問を取り入れて土着化させるという点ではまったく同じです。端的にいえば、その対象が縦文字の漢字から横文字のローマ字に変わっただけ、中国からヨーロッパ、さらにアメリカに変わっただけです。つまり「上等舶来」の思想・行動は終始一貫しています。そして今日、誰もがパソコンやスマホを操り、もはや片時も手放せなくなっている状態も、「上等舶来」の土着化そのものではないでしょうか。そこに何の違和感も持たず、むしろ率先して取り入れることで安心するマインドは、いかにも日本人的です。

現在の日本が世界の最先端から取り残されているという言説もあり、たしかに目前だけみれば、まちがいではありません。しかし歴史的にみるなら、そうした外来摂取・「上等舶来」を機能させてきたのは、世界で日本のみでした。ほかの諸国、とりわけ東アジアは、二〇世紀になって日本の「上等舶来」の模倣をはじめ、現在ようやく世界の最先端に追いついてきました。もちろん日本自身もそうした行動様式が変わったわけではありません。

かつて日本人が漢字文化やアメリカ文化を貪欲に吸収してきたことと、いま世界の誰もが最先端の科学技術や文明の利器を我先にと取り込むことは、構造的に同じだと思います。日本の場合、むしろ近代の一時期、そのマインドが抑圧されていた分、戦後は余計に貪欲になったのかもしれませんし、その後はペースを落としているのでしょう。

高度経済成長や昭和末期のバブル、そして平成期のデフレ不況と起伏の大きかった戦後史の中で、何か一貫するプロセスがあるとすれば、それは日本人が歴史的に本来の姿に戻ることだったような気がします。今後、歴史がどのように動いたとしても、おそらくその姿勢・心性は変わらないでしょう。

「帝国」の影響は今も

ただし、国内的にいくら近世以前の歴史へ回帰して安住をめざしたとしても、対外的にはまだそれを容認してもらえる雰囲気ではありません。近代の「帝国日本」は、国内のみならず、隣接する中国・朝鮮半島をはじめとするアジア諸国にも、多大な苦難・災禍を及ぼしたからです。

その傷跡は、今なお消えていません。むしろそれが、今日の中国大陸や朝鮮半島における国家・現政権の基礎になっている部分もあります。だから日本はその代償として、今も彼らからプレッシャーを受け続けている。それが、東アジアにおける現代日本の基本的な立場だと思います。

それは単に、戦争によって多大な被害・犠牲を強いられたという話ばかりではありません。それよりも前、もともと「ネーション・ステート（国民国家）」というものに縁のなかった、別個のシステムだった大陸や半島に、国民国家のシステムやノウハウが日本から持ち込まれたことが、今日まで続く構図の原点です。

まず中国について。第八章で述べたとおり、清朝が倒れて中華民国が樹立される辛亥革命は日本から始まったといわれています。それは一つの王朝の崩壊を意味するのみならず、中国で二千年以上つづいた皇帝政治の終焉であり、国制の変革であり、国民がナショナリズムに目覚めるきっかけにもなりました。

しかし、この激変が大混乱を招きます。ちょうど日本が「近代化」と「帝国」化で無理をしたように、中国もまた身の丈に合わないシステム導入によって不安定化するのです。

しかもそこに、日本の植民地支配や権益獲得がほとんど同時に加わった。中国語で「帝国主義」といえば、西洋的な歴史的・経済学的概念ばかりではなく、もっと広義に「自分たちに危害を及ぼすもの」という意味になります。中国にとって日本はまさにその定義に該当する存在でした。

凝集的な日本が対外的に肥大化しなくてはならなかった無理なプロセスが、日清戦争以後「終戦」までの日本史です。かたや多元的な中国が一元的で均質な国民国家にならなくてはならない無理なプロセスが、二〇世紀中国史になります。双方の無理が軋轢を生み、衝突をきたし、戦火をもたらし、いまなお日中対立の禍因となっています。

日中関係の十字架

日本が存在しなければ、当時の中国はいくら西洋と交渉や戦争を重ねたとしても、おそらくネーション・ステートの何たるかを十分に解せず、主権国家になろうとはしなかったでしょう。だとすれば、その後の中国共産党も、今日まで続く中華人民共和国も存在しなかったはずです。

先に開かれた「中国共産党創立百周年」の式典で、習近平国家主席が「中華民族の偉大な復興は不可逆的」と述べたことが話題になりました。つまり「復興」は道半ばであり、ネーション・ステートとしての中国はまだ完全ではないということです。

いずれにせよ、日本という存在があったがために、今日の中国の体制がある。これは歴史の真理であって、今後も日本人が背負わなければいけない十字架だと思います。

かつて若かりし頃、高齢の先生方から「日本は中国にかけた迷惑をずっと償い続けなければいけない。日本人が中国について研究するとは、そういうことだ」と説教されて、いささか理不尽に感じて反撥心を覚えた記憶があります。

しかし今にして思えば、史上たしかに日本が中国に及ぼした影響は甚大でした。日本人が意図的に望んで中国の体制を変えたわけではありません。また中国人がそれを望んだわけでもないでしょう。しかし歴史上そうならざるを得ませんでした。しかもそれが敵対関係の中で進行したことに、日中間の歴史の悲劇性があります。

われわれは、そういう歴史を踏まえて中国との関係を構築しなくてはなりません。もちろんいわれのない誹謗や圧力に屈する必要はありませんし、国益も譲る必要もありません。それでも、なぜ以前に干戈《かんか》を交えなくてはならなかったのか、なぜ今も対立しなくてはならないのか、それをわきまえておくことは不可欠です。さもなくば、あらためて不用意に溝を深めてしまうおそれがある。昨今の両国の動向を見ると、余計にそう思います。

韓国の「日本観」

韓国についても同様です。やはり日本からネーション・ステートの概念を植え付けられました。日本が露骨に植民地化したという意味では、より大きな禍根を残したともいえます。しかしこれも、半島の人々はもちろん、日本人が望んだことでもありません。歴史的にそうならざるを得なかったのです。

ただし、大陸と半島の日本観には違いがあります。中国人は「中国をひどい目に遭わせたのは日本の一部のエリート層」という言い回しをするのが常です。おそらくそれは、自画像の反映でしょう。中国自体が、一部エリート層とそうではない大多数の民衆とに乖離した社会構造であって、その感覚を日本に当てはめて、悪いのは為政者や軍部であり、民衆は関係ないという見方になるのでしょう。実際はけっしてそうではなく、当時の日本人はむしろ一丸となって中国を「侵略」したとみるべきで、日本の政治社会の凝集構造が発露したものと考えられます。

一方、韓国には一部の「良心的日本人」を除き、日本は悪逆非道な存在とする見方が根強く残っています。エリートも、民衆も、交流が深いはずの対馬の人々も、道義的に劣っている点で同一視しているのです。これも別にいまに始まったことではなく、数百年前からそうでして、自らの歴史的な世界観・秩序体系の裏返しでしょう。半島の自分たちは「小中華」「東方礼儀の邦」なので、どこよりも道義・徳義で優越しているのに対し、島国の日本は粗野野蛮、武力で自分たちに危害を加えてきた、という史観です。こうした世界秩序と「帝国日本」の拡大が折り合えるはずもなく、半島の植民地化にいたります。

ましで半島は、今日も南北に分断された「分裂国家」のままで、国民国家として完成していません。それも植民地化した日本が悪いということになる。日本人から一見すると、理不尽な言いがかりのようですが、かつて「帝国日本」だった無理が破綻した一つの結論と見ることができるでしょう。

東アジアの安定とは？

中国にしろ韓国にしろ、ネーション・ステートが未完であるとすれば、それを完成させようというベクトルが働くのは当然です。一方、日本は先述のとおり、近世以前に回帰して安定・安住をめざしている。方向性がまるで違う以上、現代の両者の間に軋轢が生まれることは明らかです。

その典型が尖閣諸島や竹島をめぐる領土紛争ですが、それだけではありません。歴史問題やその他、大小さまざまな対立や争論や起きていることは周知のとおりです。ときには無理難題を押し付けられたり、その挙動に不安を覚えたりすることもあります。

しかし元をただせば、それらはすべて、日本が無理をして「大日本帝国」から「帝国日本」に変わり、そのあおりで中韓ともに無理な国民国家化に舵を切ってしまったことに由来します。歴史的に見れば、日本人自身が蒔いた種なのです。そのことを忘れるべきではないでしょう。

もっとも、太古まで歴史を振り返ってみても、大陸・半島と日本列島が蜜月だった時代はほとんどありません。お互いに即かず離れずの状態がもっとも安定し、たまに深入りすると痛手を負うことのくり返しでした。

では現状はどうかといえば、けっして関係はよくありませんが、なお決定的な深入りや対立には至っていません。その意味では、歴史的な常態に回帰していると見ることもできるでしょう。いよいよそうした過去の常態、歴史を知る必要があるのです。

書店やネットでは「反中」「嫌韓」のたぐいの文言をよく見かけます。その論旨には納得できる部分もありますが、筆者は歴史家の一人として、手放しで賛同するわけにはいかないと思っています。そもそも罵詈雑言に近い批判の応酬をくり返しても、生産的ではありません。

その前に歴史的な経緯をわきまえて目前をみつめなおすこと、自他の客観的な理解につとめ、それを粘り強く表現説明してゆくことが重要ではないでしょうか。今後も大陸・半島と友好関係を築くのは難しいでしょう。各々の世界観・社会構造がかけ離れていて、相互理解が容易ではないからですし、そうした関係が長年の歴史に根ざしたものだからです。それが東洋史から捉えなおしてみた日本史の姿・現代日本の立場だと思いますし、そんな肖像でわれわれ自身をみつめなおすことができればよいと思います。

あとがき

――なんでこんな本を出すんだ。

疑問・難詰、あるいは、あきれ、ともとれるような声が聞こえてきそうである。いな、自分の内なる声かもしれない。薄々そう自覚しているからである。

筆者は自他ともに認める東洋史家なので、日本史学に関わる義務も能力もない。それでも関連の文章を書くことはあって、そのたび何かしら無理・逸脱を犯した、後ろめたい感覚をおぼえてきた。

そのあげくの「こんな本」ではありながら、出るには出るなりの経緯と動機はある。

東洋史学は現代日本人になじみがない。こちらの想定するごく基礎的常識的な知識もないのが普通である。そうした内容をそのまま直截に説いても、理解納得を得るのは難しい。勢いどうしても日本への譬喩《ひゆ》、日本との比較が必要になる。これは口頭説明のレベルでも、文章叙述のレベルでも、選ぶところはない。

安易なアナロジーは控えるべし、と学問的には批判できるだろう。しかしながら日本の歴史学そのものが、じつは「国民《ネイション》」「文　明《シヴィリゼイション》」「資本主義《キャピタリズム》」「民主主義《デモクラシー》」など、近代西洋の歴史術語を漢語で翻訳・譬喩した術語概念の体系にほかならない。程度の差こそあれ、好むと好まざるとにかかわらず、比較対比は不可避なのである。

日本史学になじみのないこちらとしては、逆に日本の歴史を知らなくてはならない。それでなくとも、日本人の歴史家である以上、日本の歴史を知るのはすべての前提にあるから、それなりに勉強もしてきたつもり。

かくて日本史との譬喩・比較は、講義・講演ばかりにとどまらず、著述でも実作してきた。本職の東洋史学の理解を拡げ広めるためである。後ろめたい思いはしながら、ぜひとも必要にして、また欠かせない作業だった。

そんな著述の一つに目をとめてくださったのが、東洋経済新報社の岡田光司さんである。お仕事をご一緒してきた中で、日本史に言及した拙著を読んで、これまでとは違った日本史の書物を作ってみようとのお申し出だった。

東洋史を説明するため、ところどころ援用するならともかく、日本史そのものを通して論じ、書く力はとても持ち合わせない。しかし既刊の拙著では、言い足りなかった点も少なからず、そこは補いたいとも思った。

そんなこんなで逡巡躊躇していると、従前と同じスタンスで、日本を主語にすればよい、と、例によって熱意あふれるお勧めにほだされて、やってみることにした。補足ばかりではなく、あらためて自身の日本史・自国史に対する見方を整理する希有の機会とも思いなおし、後ろめたさを押し切った次第である。

コロナ禍で暗中模索が続く中、オンラインで都合五～六回に分けて報告した内容を、どうにかまとめて一書にすることができた。その過程で絶大な協力をいただいた編集担当の岡田さんと島田栄昭さん、内容を点検してくださった根無新太郎さんに、深く謝意を表したい。

振り返ってみると、同じ版元から出した前著と同じ面々、同じ方法である。したがって小著の姿勢・目的も前著と変わらない。学術ベースではありながら、いわゆる最新の学説や学界の定説などに頓着せず、自分でよく納得でき、他人によく伝達できる歴史像をストレート・コンパクトにお示しした。アマチュアの試論には、やはりこのほうがふさわしい。日本人なら誰もが親しみ、発言権がある日本史なら、筆者も同じ条件であり、同じ権利を有するはずである。後ろめたくも楽しんで講じた歴史を楽しんで読んでもらえれば、何もいうことはない。

その前著の「あとがき」では、以下のように記した。

われわれはとかく、「中国」というものが古来一貫して存在したように思いがちである。しかし目前の現代は、長い歴史の一コマであり、いま「中国」と呼ぶ対象も、あくまで世界史の一部として、たえず変化してきた。あたりまえのはずながら、それでもつい中国・

東アジアの歴史を世界と切り離して考えてしまう、そんな知的習癖を自他ともに改めていきたい。

この「中国」「東アジア」を日本に置き換えても、まったく同じ意味で通じる。小著はそうした点、前著の姉妹編に等しい。そこで版元にお任せした小著のタイトルも、結果的に前著を踏襲することになった。

容姿のそっくりな姉妹でも、性格・言動は正反対ということは、世上普通にある。タイトルは同じく「――とつなげて学ぶ――全史」ながら、世界の中の日中が、いかに隔たる歴史をたどったのか。ありがたくも小著を繙いてくださった読者諸賢には、よくわかっていただけるはず。自国・日本とは何なのかを問いなおすきっかけの一つにでもなれば、望外の喜びである。

二〇二一年八月　送り火のない賀茂の畔にて

岡本隆司

文献リスト

親しみやすい文庫・新書を中心に厳選した。若干の史料・学術書・学術論文を含むのは、本文で言及、引用したりして、欠かせなかったからである。再刊の古い著述には、初刊の年次を附記した。

荒野泰典『近世日本と東アジア』東京大学出版会、一九八八年
――『「鎖国」を見直す』岩波現代文庫、二〇一九年
石川禎浩『シリーズ中国近現代史③　革命とナショナリズム一九二五―一九四五』岩波新書、二〇一〇年
石母田正『中世的世界の形成』岩波文庫、一九八五年（初刊は一九四六年）
岩井茂樹『朝貢・海禁・互市――近世東アジアの貿易と秩序』名古屋大学出版会、二〇二〇年
上杉和央『江戸知識人と地図』京都大学学術出版会、二〇一〇年
内田星美「江戸時代の資源自給システム試論」『東京経済大学人文自然科学論集』第61号、一九八二年

梅棹忠夫『文明の生態史観』中公文庫、一九七四年
大石慎三郎『江戸時代』中公新書、一九七七年
――『将軍と側用人の政治』新書・江戸時代①、講談社現代新書、一九九五年
オールコック著／山口光朔訳『大君の都――幕末日本滞在記』岩波文庫、一九六二年
岡田英弘『倭国――東アジア世界の中で』中公新書、一九七七年
――『日本史の誕生――千三百年前の外圧が日本を作った』ちくま文庫、二〇〇八年
岡本隆司『世界のなかの日清韓関係史――交隣と属国、自主と独立』講談社選書メチエ、二〇〇八年
――『李鴻章――東アジアの近代』岩波新書、二〇一一年
――『ラザフォード・オルコック――東アジアと大英帝国』ウェッジ選書、二〇一二年
――『近代中国史』ちくま新書、二〇一三年
――『日中関係史――「政冷経熱」の千五百年』PHP新書、二〇一五年
――『袁世凱――現代中国の出発』岩波新書、二〇一五年
――『清朝の興亡と中華のゆくえ――朝鮮出兵から日露戦争へ』叢書「東アジアの近現代史」第一巻、講談社、二〇一七年
――『世界史序説――アジア史から一望する』ちくま新書、二〇一八年［a］
――『近代日本の中国観――石橋湛山・内藤湖南から谷川道雄まで』講談社選書メチエ、二〇一八年［b］
――『世界史とつなげて学ぶ中国全史』東洋経済新報社、二〇一九年［a］
――『君主号の世界史』新潮新書、二〇一九年［b］
――『増補 中国「反日」の源流』ちくま学芸文庫、二〇一九年［c］

――編『中国経済史』名古屋大学出版会、二〇一三年
――編『交隣と東アジア』名古屋大学出版会、二〇二一年
川勝平太『日本文明と近代西洋――「鎖国」再考』NHKブックス、一九九一年
河上麻由子『古代日中関係史――倭の五王から遣唐使以降まで』中公新書、二〇一九年
岸本美緒『東アジアの「近世」』世界史リブレット、山川出版社、一九九八年
――『地域社会論再考――明清史論集2』研文出版・研文選書、二〇一二年
鬼頭宏『人口から読む日本の歴史』講談社学術文庫、二〇〇〇年
――『文明としての江戸システム』日本の歴史19、講談社学術文庫、二〇一〇年
小堀桂一郎『鎖国の思想――ケンペルの世界史的使命』中公新書、一九七四年
齋藤希史『漢文脈と近代日本』角川ソフィア文庫、二〇一四年
佐久間重男『日明関係史の研究』吉川弘文館、一九九二年
桜井邦朋『太陽黒点が語る文明史――「小氷河期」と近代の成立』中公新書、一九八七年
杉山正明『モンゴル帝国の興亡』講談社現代新書、一九九六年
――『クビライの挑戦――モンゴルによる世界史の大転回』講談社学術文庫、二〇一〇年
――『遊牧民から見た世界史――民族も国境もこえて』増補版、日経ビジネス人文庫、二〇一一年
妹尾達彦『長安の都市計画』講談社選書メチエ、二〇〇一年
――『グローバル・ヒストリー』中央大学出版部、二〇一八年
高橋富雄『征夷大将軍――もう一つの国家主権』中公新書、一九八七年
高橋昌明『京都〈千年の都〉の歴史』岩波新書、二〇一四年
竹越与三郎著／西田毅校注『新日本史』岩波文庫、二〇〇五年（初刊は一八九一・九二年）

――著／中村哲校閲『二千五百年史』新装版、講談社学術文庫、一九九〇年（初刊は一八九六年）
檀上寛『永楽帝――華夷秩序の完成』講談社学術文庫、二〇一二年
――『明代海禁＝朝貢システムと華夷秩序』京都大学学術出版会、二〇一三年
陳徳仁・安井三吉『孫文と神戸』シリーズ兵庫の歴史3、神戸新聞出版センター、一九八五年
辻本雅史『教育を「江戸」から考える――学び・身体・メディア』NHKブックス、二〇〇九年
角山栄『「通商国家」日本の情報戦略――領事報告をよむ』NHK出版、一九八八年
内藤湖南『日本文化史研究』講談社学術文庫、一九七六年（初刊は一九二四年）
――著／礪波護編『東洋文化史』中公クラシックス、二〇〇四年
永井晋『北条高時と金沢貞顕――やさしさがもたらした鎌倉幕府滅亡』日本史リブレット人、山川出版社、二〇〇九年
狭間直樹『梁啓超――東アジア文明史の転換』岩波現代全書、二〇一六年
原勝郎『日本中世史』創元社、一九三九年
――『東山時代に於ける一縉紳の生活』講談社学術文庫、一九七八年（初刊は一九一七年）
福沢諭吉『西洋事情』初編、一八六六年、『福沢諭吉全集　第一巻』慶應義塾編、岩波書店、一九六九年、所収
――「脱亜論」一八八五年三月一六日、『福沢諭吉選集　第七巻』福沢諭吉著作編纂会編、岩波書店、一九五二年、所収
藤田覚『幕末の天皇』講談社学術文庫、二〇一三年
本田實信『モンゴル時代史研究』東京大学出版会、一九九一年
松本和也『イエズス会がみた「日本国王」――天皇・将軍・信長・秀吉』歴史文化ライブラリー、吉

川弘文館、二〇二〇年
水本邦彦『徳川の国家デザイン』全集「日本の歴史」第10巻、小学館、二〇〇八年
――『村――百姓たちの近世』シリーズ日本近世史②、岩波新書、二〇一五年
宮崎市定『中国古代史論』平凡社選書、一九八八年
――『中国史』岩波文庫、二〇一五年
陸奥宗光著／中塚明校注『新訂　蹇蹇録――日清戦争外交秘録』岩波文庫、一九八三年
村井章介『中世倭人伝』岩波新書、一九九三年
桃木至朗編『海域アジア史研究入門』岩波書店、二〇〇八年
森時彦『中国近代綿業史の研究』京都大学学術出版会、二〇〇一年
森田吉彦「日清関係の転換と日清修好条規」岡本隆司・川島真編『中国近代外交の胎動』東京大学出版会、二〇〇九年、所収
山崎正和『室町記』朝日選書、一九七六年
山路愛山『源頼朝』平凡社・東洋文庫、一九八七年（初刊は一九〇九年）
山室信一「『国民帝国』論の射程」山本有造編『帝国の研究――原理・類型・関係』名古屋大学出版会、二〇〇三年、所収
梁啓超著／岡本隆司・石川禎浩・高嶋航編訳『梁啓超文集』岩波文庫、二〇二〇年
渡辺浩『東アジアの王権と思想』増補新装版、東京大学出版会、二〇一六年

【著者紹介】
岡本隆司（おかもと　たかし）
1965年、京都市生まれ。現在、京都府立大学教授。京都大学大学院文学研究科東洋史学博士後期課程満期退学。博士（文学）。宮崎大学助教授を経て、現職。専攻は東洋史・近代アジア史。著書に『近代中国と海関』（名古屋大学出版会・大平正芳記念賞受賞）、『属国と自主のあいだ』（名古屋大学出版会・サントリー学芸賞受賞）、『世界のなかの日清韓関係史』（講談社選書メチエ）、『李鴻章』（岩波新書）、『近代中国史』（ちくま新書）、『袁世凱』（岩波新書）、『中国の論理』（中公新書）、『中国の誕生』（名古屋大学出版会・樫山純三賞、アジア太平洋賞特別賞受賞）、『清朝の興亡と中華のゆくえ』（講談社）、『世界史序説』（ちくま新書）、『近代日本の中国観』（講談社選書メチエ）、『世界史とつなげて学ぶ中国全史』（東洋経済新報社）、『増補　中国「反日」の源流』（ちくま学芸文庫）、『東アジアの論理』（中公新書）、『「中国」の形成』（岩波新書）、『教養としての「中国史」の読み方』（PHP研究所）など多数。

中国史とつなげて学ぶ　日本全史

2021年11月 4日　第1刷発行
2021年11月26日　第2刷発行

著　者——岡本隆司
発行者——駒橋憲一
発行所——東洋経済新報社
〒103-8345　東京都中央区日本橋本石町 1-2-1
電話＝東洋経済コールセンター　03(6386)1040
https://toyokeizai.net/

装　丁…………橋爪朋世
D T P…………朝日メディアインターナショナル
印刷・製本……丸井工文社
編集協力………島田栄昭／パプリカ商店
編集担当………岡田光司

Printed in Japan　ISBN 978-4-492-06218-0